# MY JOB
# JOB
## 나의 직업

어쩌면 당신의 시선

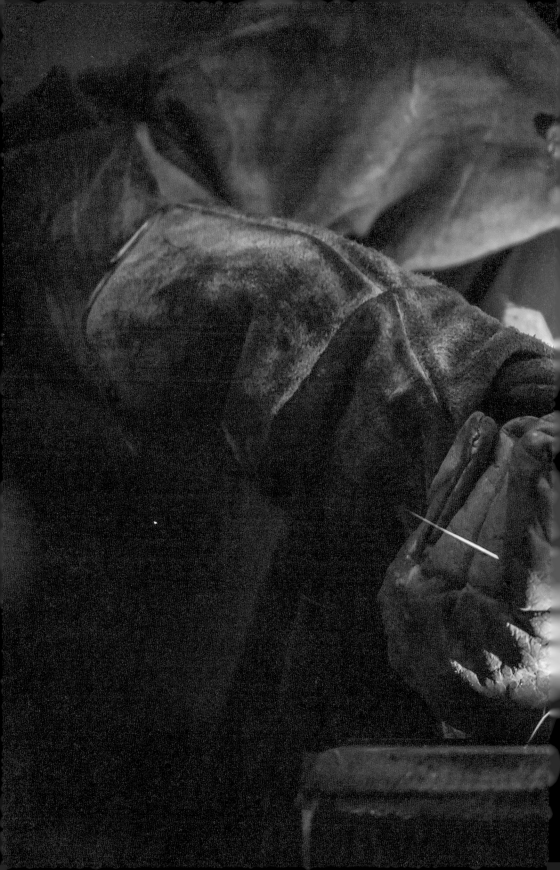

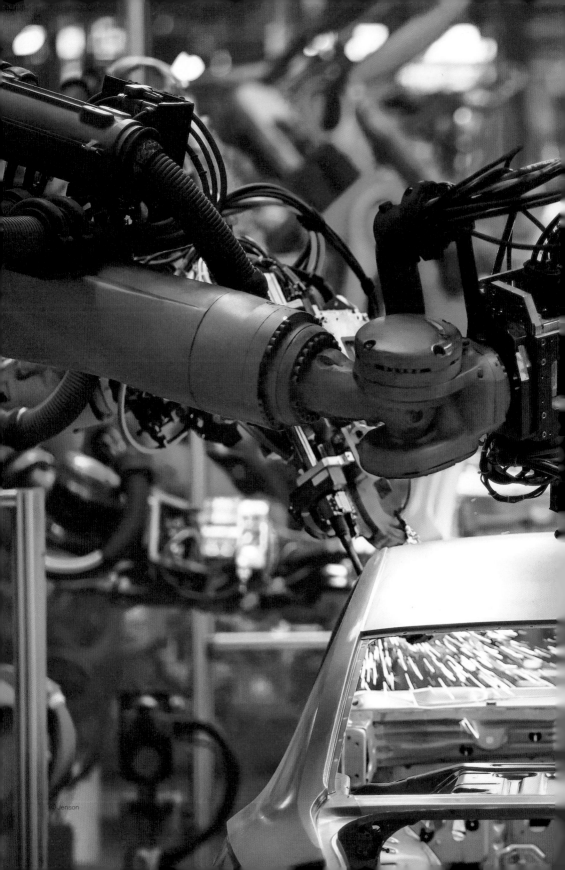

# CONTENTS

Part One

# History I

Part Two

# History II

Part Three

Who & What

Part Four

Get a Job

# Part One

# History I

일과 노동이 다를까 같을까를 놓고 한번 쯤 고민해 볼 만하다. 왜냐하면 일은 한글이고 노동은 한자어이지만 일과 노동은 글자의 형태 문제를 넘어 서로 다른 부분이 있기 때문이다.

어떤 의미에서 보면 일은 노동보다는 활동이라는 의미에 더 가까울 수도 있는데 일상적으로 일의 한자어가 노동이라고 생각한다.

그런데 '일'이라는 한글은 너무 포괄적으로 많은 의미를 담고 있다. 모든 움직임을 우리는 일에 포함 시킬 수가 있다. 생명을 연장하기 위해 숨을 쉬는 것도 일이요, 밥을 먹는 것도 일이다. 노는 것도 일이요 잠을 자는 것도 일이다. 이렇게 해석을 하면 일과 활동의 차이를 거의 찾아 볼 수가 없다. 하지만 일과 활동은 그 의미가 다른 용어이다. 그러면 어디에서 그 차이점을 찾을 수 있을까?

여기서 우리는 일을 한걸음 더 나아가서 본능이나 긴급한 필요성이 아닌 의도적 목적을 가진 활동이라고 할 수 있을 것 같다. 숨을 쉬는 것이 일반인들에게는 일이 아닐 수 있다. 그러나 숨을 쉬는 것을 목적으로 하는

사람에게는 분명히 '일'이다. 먹는 것이 일반인에게는 일이
아니지만 먹는 것을 목적으로 하는 사람에게 있어서 '먹는 것'은
일이다.

이처럼 '어떤 행위나 활동이 일이고 아니고'가 아니고 같은
행위나 활동이라도 목적성이 있느냐 아니냐에 따라 일이 되고 안
되고 한다고 봐야 한다.

이러한 일 중에서 경제적 가치를 만들어 내는 일을 노동이라고
할 수 있다. 즐거워서 노래를 부르는 것은 노동이 아니지만
노래를 불러 돈을 버는 사람들에게 있어서 노래 부르는 것은
분명히 노동이다. 공부를 하고 연구를 하는 것이 그 자체의
즐거움 때문에 한다면 노동이 아니겠지만 그로 인하여 돈을
받는다면, 즉 돈을 받기로 한 공부나 연구는 노동이라는 것이다.

취미나 재미로 하는 일이 경제적 가치 창출이라는 목적을 가질
때, 즉 돈이나 그에 버금하는 댓가를 목적으로 가질 때 이는
노동으로 바뀌게 된다.

이렇게 볼 때 노동이라는 개념은 우리 인류의 역사에 있어서
'일' 보다는 나중에 발생한다고 보는 것이 맞을 것이다.

## 원시사회와 노동

  원시사회는 아직 경제라는 개념이 제대로 형성되지 않은 사회
상태이고 어떤 의미에 있어서는 사회라는 제도 조차도
만들어지지 않은 무리 형태의 집단이라는 말이 더 적합할 수
있다.

  이러한 원시사회에서는 오로지 생존을 위한 활동만이 이
무리들에게 의미를 가지고 있었다고 추정될 뿐이다. 생존을 위한
활동이라는 것은 식물이나 동물들이 살아가기 위하여 벌이는
모든 종류의 활동을 의미한다. 이 활동에는 죽음이나 약탈, 침해
등과 같은 오늘날의 사회적 개념은 없었으며 '선'이나 '악'과 같은
생각은 더욱 없었다. 오로지 생존을 위한 자연 현상만이 있을
뿐이다.

  이런 자연 현상을 우리는 노동이라고 하지 않는다. 생존을 위한
본능적 활동은 그냥 활동일 뿐이다.

  오늘날 국어사전을 보면 노동이란 '먹을 것, 입을 것 등 우리가
살아가기 위해 필요한 것들을 얻기 위하여 일하는 것, 그것을
노력하는 활동'을 지칭한다고 되어있다. 그러면 원시사회에서는
먹을 것이나 입을 것을 위한 활동이 없었다는 것인가?

  아니다. 그 당시에도 분명히 그러한 활동들은 있었다.

  만일 없었다면 우리 인류는 오늘날 이렇게 지구상에 널리
흩어져 살 수가 없었을 것이다.

  원시사회에서 인류들은 자신들의 먹을 것을 얻기 위하여
열심히 활동하였으며 그들의 안전을 위하여 피난처로서 잘 곳을
찾았고 추위를 막고 상처가 생기지 않도록 입을 것을 구하는
활동이나 노력을 기울였다. 그 결과 그들은 살아남을 수 있었고
오늘날의 문화를 가진 유일한 종으로 발전할 수 있었다. 이처럼
원시사회에서도 먹을 것이나 입을 것을 구하기 위한 활동은
분명히 있었다.

  그러면 원시사회에서도 오늘날과 같은 노동이 있었다고 할 수
있지 않을까?

　대답은 '아니다'라고 해야 할 것 같다. 왜냐하면 당시의
활동들은 경제적 가치를 만들어내는 활동이 아니고 자신과
무리의 생존을 위한 활동이었기에 평상시 우리가 숨을 쉬는 것
같이 자연스러운 자연 현상일 뿐이지 노동은 아니었다. 노동은
자연 현상이 아닌 것이다.

　표범이 사슴을 잡기 위하여 달리는 활동을 보고 우리는 표범이
노동을 하고 있다는 생각을 하지 않는다. 또한 까치가 집을 짓는
활동을 보고도 마찬가지로 노동을 하고 있다는 생각을 할 수
없다. 표범이나 까치는 자신들의 생존을 위하여 활동을 하는
것이지 노동을 하는 것은 아닌 것이다.

　본능에 바탕을 둔 자연 현상, 배고프면 먹고, 먹고 살기 위하여
다른 생명체를 죽이고 자신이 가꾸지 않은 식물을 채취하여
먹으며, 졸리면 자고 즐거우면 흥얼거리는 활동들을 우리는
노동이라고 하지 않는다.

　따라서 원시사회에서도 오늘날과 같은 의식주를 위한 활동이
있었지만 이는 어디까지나 자연 현상의 일환으로 이해해야 하며
노동이라고 간주해서는 안 될 것이다.

노동은 외적 형태로 결정하는 것이 아니고 행위, 즉 활동의 목적성에 따라서 판별해야 한다.

그러나 무리사회를 벗어나 혈통 중심의 종족사회가 만들어지면서 인간사회에서는 서서히 노동의 개념이 발생하기 시작하였다. 한 인간의 생존보다는 혈통의 보존이라는 차원에서 보존을 위한 준비가 이루어지는 것이다. 즉 혈통을 보존하기 위해서는 종족이 우선적으로 생존해야 하고, 생존을 위해서는 재화가 있어야 하며 생존을 위협하는 다른 종족의 침략이나 맹수들의 공격과 같은 위험을 예방하거나 대비를 해야 했다.

즉, 당장의 본능적 욕구의 충족이 아닌 일어날 것에 대한 준비가 필요했던 것이다. 그래서 당장의 배고픔만을 해결하기 위한 활동이 아닌, 당장의 배고픔과 앞으로 일어날 배고픔을 동시에 대비하기 위하여 당장 필요한 양 이상의 것을 획득하여 저장하는 지혜로운 활동이 일어났다. 바로 노동의 필요성이 나타나고 이에 따른 노동이라는 활동이 일어나는 것이다.

따라서 노동의 발생은 인간의 생존과 밀접한 관계 속에서 이루어지며 생존과 관련하여 일어날 다양한 변수에 대한 준비라는 미래 지향적 가치를 획득하거나 만들어내는 것을 노동이라고 하겠다.

이처럼 순전히 생존만을 위한 노동을 우리는 원시노동이라고 할 수 있다. 원시사회 시대에 일어나는 노동을 말하는 것이 아니다.

원시노동이란 생존만을 위하고 생존 이외의 다른 목적을 갖지 못하는 노동의 형태를 말한다.

재화(財貨)

사람의 사회적 욕망을 충족시켜주는 물질을 말한다. 따라서 재화는 인간 사회를 벗어나서는 존재하지 않는다. 표범이 배가 고플 때 먹기 위하여 먹을 것을 나무 위에 미리 준비해 놓은 것을 보고 표범이 재화를 획득했다고 하지 않는 이유이다. 그러나 사람이 배고플 때를 대비하여 노동을 통하여 먹을 것을 미리 준비했을 때 우리는 재화를 획득했다고 볼 수 있다.

## 생계수단으로서 노동

생존 -> 위험 대비 -> 노동의 발생 -> 잉여 생산
-> 교환 -> 가치의 축적 -> 부의 이동 -> 전쟁
-> 노예 발생 -> 계급 발생 -> 종교와 결합
-> 수양의 수단 -> 노동의 신성성 부여

사람은 노동을 함으로써 살아가는 데 필요한 것들을 얻을 수
있고 편리한 생활도 할 수 있다. 또 노동을 통해 자신의 능력을
마음껏 발휘하고 보람을 느낄 수도 있다.

그런데 노동 중에서 몸을 직접 움직여서 일하는 것을
육체노동이라고 하고, 과학자처럼 주로 머리를 써서 일하는 걸
정신노동이라고 한다. 어느 쪽이든 노동을 하는 사람을
노동자라고 부르며 노동자들이 뭔가를 만들기 위해 들이는 힘을
노동력이라고 한다.

이렇게 노동력을 들여 가치 있는 그 무엇인가를 만들어 내는
것이 생산 활동이다.

옛날에는 각자 집에서 필요한 것을 만들었지만 요즘은
공장이나 사무실 같은 곳에서 생산 활동을 한다. 이렇게 노동을
통해 생산 활동을 한 사람들은 그 대가로 소득(임금)을 얻는다.

이러한 소득은 가족들의 생활을 위하여 사용된다.

인간은 모든 생물체와 마찬가지로 우선 생존에 대한 강렬한
욕구를 갖고 있는데, 이를 위해서는 노동을 통해 의식주에 필요한
생존 수단을 확보해야 한다. 그래서 노동의 제1차적 목적이 바로
생존이라는 것이다. 이는 옛날이나 오늘날이나 마찬가지이다.
다만 현대에 와서는 경제적으로 여유가 있기 때문에 노동의
이러한 가장 본질적인 목적은 너무 당연한 사항이 되어 버려서
퇴색되었지만 이상이니 자아의 실현이니 하는 것은 생존의
욕구가 충족되고 난 이후의 일이라는 것을 알아야 한다.

노동을 통해 생존의 욕구가 충족되면 사람들은 만족하면서 그
상태에 머무르는 것이 아니라 더 높은 욕구를 추구하게 되며,

ris50d

이는 더 많은 노동, 더 높은 수준의 노동을 요구한다. 그래서
생존을 위한 수단으로서 노동은 그 본래의 근본적인 목적에서
벗어나 또 다른 삶의 가치를 추구하는 수단으로 변질되며
진화하게 된다.

하지만 이는 어디까지나 생존에 대한 욕구가 충족되고 난
이후의 일들이다. 오늘날 아무리 삶의 숭고한 가치가 존중되고
인간의 인간됨이 중요하다고 하지만 생존이 위협을 받는다면 한
순간에 이러한 부차적 목적은 사라지고 노동의 가장 기본적인
목적이 대두될 것이다.

이러한 논리에서 볼 때 우리는 노동의 본질적 목적, 즉 경제적
가치를 추구하는 가장 시원적 목적이 바로 생존을 위한 것이라는
것을 알 수가 있다. 이는 원시사회이든 현대사회이든 변하지 않는
사실이다.

이처럼 생계수단으로서 그 의의를 지니고 있는 노동은 인류
사회의 발전과 더불어 조금씩 그 색깔을 달리 하기 시작한다.

어떤 의미에서 보면 노동의 역사는 바로 인간의 역사이기도
하다. 인류의 발전과 더불어 노동의 형태나 개념 또한 조금씩
발전해왔기 때문이다.

선사시대 초기 인류의 경제활동이라고 하는 것은 수렵과
채취였다. 초기 인류는 이때 나무 막대기와 돌덩이를 쪼개서
그것을 활용함으로써 생산력을 높일 수 있었다. 그 후 점점
생산력이 높아지면서 인류는 생산성을 더 올리기 위해,
성별(남여)을 나누어 일을 하게 되었다. 신체가 강한 남성은
수렵활동을, 여성은 아이를 보살피면서 채집과 남성이 가져온

것으로 음식을 하는 등의 노동을 맡게 되었다.

모계사회였던 이 시기 공동체는 힘을 모아 함께 먹거리를
마련하고는 그것을 골고루 나누었다. 그 후 농사와 야생동물을
사육하는 방법을 알게 되고 여기저기 돌아다니지 않고 한곳에
정착하여 생활하게 된다. 야생동물을 사육하니 가축을 더 잘
이용하기 위해 쟁기가 도입되는 등 생산력은 더욱 높아지게 된다.
농사는 남자가 주로 맡아서 하게 되고 공동체가 모두 충분히
먹고도 남을 만큼 생산이 늘어났다.

그런데 생산이 늘어나면서 인류는 큰 변화를 겪게 되는데, 바로
사회적으로 분업이 일어난 것이다. 공동체 구성원 중 일부는
농사를 짓는 대신에 쟁기를 더 많이 만들고, 더 쓰기 좋게
개량하는 일을 하며, 또 일부는 농사일에, 또 일부는 목축 일에
전념하게 되었다. 그 결과 전문화가 이루어지면서 생산성이
높아지고 공동체 전체의 생산량은 더욱 늘어났다.

공동체 구성원 전체의 생존에 필요한 물자 이상으로 생산량이
늘어나자 점차 새로운 욕구의 충족으로 나아가 공동체 상호 간에
유휴 물자에 대한 교환이 이루어지게 되었다. 농경 부족과 유목
부족이 서로 곡물과 가축을 나누고, 먹을 것과 먹을 것 이외의
필요물품을 교환이라는 방식을 통하여 서로 나눌 수 있게 된
것이다.

생계에 필요한 물자들이 교환을 통하여 또 다른 욕구를
충족하는 수단으로 효용가치가 늘어났다고 할 수 있다. 교환이
있기 전에 물품은 생존의 수단으로서 가치를 가졌지만 교환이
이루어지면서 물품은 자신이 필요로 하는 물품을 획득하는
교환의 수단으로서의 가치를 추가로 가지게 되었다. 이와 더불어
자연스럽게 생긴 것이 필요한 물품을 구입할 수 있는 가치를 지닌
물품, 즉 가치를 항상 그 속에 저장하고 있는 역할을 하게 되면서
잉여생산은 가치를 저장하는 수단으로서 의의를 지니게 된다.
바로 재화로서의 가치를 가지게 된 것이다.

또한 공동체가 모계사회에서 부계사회로 넘어가면서 공동체 간의 다툼이 많아지게 되었다. 이러한 다툼이 공동체의 생존과 연계되면서 싸움은 또 하나의 생존 수단으로 등장한다.

그리고 이러한 싸움, 즉 전쟁을 하게 되면서 전쟁 포로가 생기고 이 전쟁포로들은 또 다른 생산력의 원동력으로 작용하게 된다. 전쟁포로들은 나중에 노예라는 사회적 지위로 변질되어 인간이 아닌 생산도구로 취급되어져 서로 사고팔 수 있는 아주 중요한 재산의 일부가 되어졌다.

처음에는 자신의 생존을 위해 시작된 노동이 이제는 노예가 해야 하는 일이 되어버렸다. 고대 그리스인들도 노동이란 그저 노예들이 하는 것이라고 생각하였으며 중세 유럽도 힘들다는 이유로 고대와 마찬가지로 농노들만 하는 것이라고 생각했다.

그러나 종교개혁으로 노동은 인간을 구원하는 복음으로 생각했다. 노동의 목적을 생활수단이 아니라 구원에 있다고 보고 규율과 금욕을 강조하면서 노동을 신성한 모습으로 바꾸어 놓았다.

---

장원(莊園)

■ 유럽의 경우, 중세 시대에 귀족이나 사원(寺院)이 소유하던 광대한 토지. 봉건 제도에서의 토지 소유의 한 형태이다.

■ 중국의 경우, 한(漢)나라 이후 근대까지 존속한 궁정이나 귀족 또는 관료의 사유지. 한나라 때부터 진나라, 남북조 때까지의 장원은 주로 별장지(別莊地)의 성격이 강하였는데 당나라 이후로는 경제적 성격을 띠게 되어 농민에게 경작하게 하고 관리인을 두어 세금을 거두어들였다.

■ 일본의 경우, 10세기 중기부터 16세기 초기까지 존속하였던 토지 소유의 한 형태. 사원이나 신사(神社) 또는 귀족들의 보호 아래 공령(公領)의 범위를 벗어나 조직적으로 토지를 사유하였다.

현재적 필요 -> 내일의 필요 -> 미래 준비 -> 추상적 인간성 추구

## 노동의 정의로움과 인간다움

자신의 생존과 삶을 위하여 시작된 생명체의 자연스러운 몸부림은 생활 형태가 무리에서 일정한 규율을 지닌 사회로 발전함에 따라 성격이 바뀌게 된다. 즉 살기 위해서 바로 이 순간에 해결해야하는 배고픔이나 생명을 위협하는 위험에 대한 대처 등과 같은 '당장의 필요함'에 대한 욕구 충족에서 당장에 필요하지는 않지만 그 동안의 경험으로 미루어 볼 때 예견되는 '내일의 필요함' 즉 다가 올 겨울철의 추위와 식량 부족, 있을 지도 모르는 다른 무리나 맹수들의 공격 등에 대비하는 목적성을 가진 활동으로 발전하게 된다.

내일의 필요함에 대한 대비를 한다는 것은 간혹 다른 동물이나 곤충들에게서도 발견되지만 인간과 다른 것이 그들은 생존을 위한 준비 단계에서 벗어나지 못한다고 할 수 있다. 이에 비하여 인간의 미래 지향적 노동은 생존의 수준을 넘어서 다른 유기체와의 구별성 확립에서 말하자면 인간으로서의 정체성 확립의 단계로 나아갔다. 최종적으로는 여기서 한 걸음 더 나아가 '자기완성' 또는 영속성을 상징하는 '구원'으로까지 확장되었다.

25

등산을 하다가 멧돼지를 만나면 달아나던지 아니면 나무 위로 올라가 멧돼지의 공격을 피해야 한다. 그렇게 행동하지 않으면 불상사가 생길 수가 있다.

이러한 상황에서 달아나던지 나무에 올라가는 행동을 보고 우리는 노동을 했다고 생각하지 않는다. 그것은 단지 위험을 피하고 모면하려는 행동일 뿐이다.

하지만 야영을 하면서 멧돼지가 습격하지 못하도록 울타리를 만드는 작업을 했다면 우리는 일을 했다고 할 수 있다. 하지만 이 경우에도 울타리를 만드는 작업이 우리 자신들의 안전을 위한 활동에 머물기 때문에 이를 노동이라고 할 수는 없다. 노동은 미래지향적 가치를 만들어내는 활동이기 때문에 나 자신의 생존이나 안전을 위한 활동은 노동에 포함되지 않는다고 하겠다.

그런데 야생 멧돼지가 많이 사는 산 속에 야생 멧돼지들이 넘어오지 못하게 울타리를 만들고 그 울타리 안에서 사람들이 야생 멧돼지를 구경하도록 했다면 우리는 노동을 했다고 할 수 있다.

그러면 생존을 위한 활동과 생존을 위한 노동은 어떻게 구분

지워야할까?

앞에서 생존을 위한 활동은 노동이 아니라는 것은 알았다. 그러면 생존을 위한 노동에는 어떤 것이 있을까?

오늘날처럼 노동이 생존을 위한 수단의 영역을 넘어선 상황에서 생존을 위한 노동을 일반적인 사회활동 중에서 찾아보기는 쉽지 않다. 하지만 기초생활수급자 수준으로 못사는 사람들에게 있어서 휴지를 주워서 판다던지 공공근로에 참여하여 급여를 받는다던지 하는 것은 현대 사회에 있어서 생존을 위한 노동이라고 할 수 있다. 따라서 생존을 위한 노동을 하는 사람이 처한 상황은 오늘날 현대 사회에서 일반적인 현상으로 간주될 수는 없을 것 같다. 하지만 이들에 대한 배려는 반드시 필요하며 그 필요성이 공인될 때 비로소 국가나 사회의 존재 의미가 있을 것이다.

노동 주체가 처한 상황의 차이에서 우리는 인권 문제를 이야기해야 한다. 인권은 인간이 가지는 천부적인 권리라고 추상적 일반 개념에서 이야기하는 것은 그래서 의미가 없다.

그러면 노동이라는 것은 인간에게만 있는 것이고 인간만이 할 수 있는 것일까?

노동이 미래지향적 가치를 만들어내는 것이라면 다람쥐나 들쥐가 겨울에 먹을 도토리나 벼이삭을 굴속에 저장하는 활동과 개미들이 식량을 저장하는 것도 노동이라고 할 수 있을까?

우리가 노동을 경제학적 시각에 한정하여 재화를 만들어내는 행위로만 생각한다면 단순한 저축행위인 다람쥐나 들쥐의 행동을 노동이라고 할 수 없을 것이다. 왜냐하면 동물들에게는 재화가 없기 때문이다. 그러나 미래지향적 가치를 만들어내는 행위로 볼 때 노동이라는 범주에 포함시키지 못할 이유는 없다고 본다. 단지 인간의 행위가 아니라는 것은 구실이 되지 못한다. 다만 생존이라는 초보적 수준에서 이루어지는 행위라서 오늘날 진화한 인간의 노동 개념과 그 성질을 많이 달리 하기 때문에 같은 말이라고 하기에는 좀 어색한 점이 있을 뿐이다.

그러나 사람들도 옛날에는 자급자족을 위하여 일했다. 곡식을
채집하여 저장하고 땔감을 구하여 저장하여 다가올 미래의
위기에 대비하였다.

그런데 인간들은 여기에 머물지 않고 더 나아가 보다 높은
수준의 욕구를 달성하려고 노력한다. 바로 문화라고 할 수 있다.
생존에서 문화생활로 발전한 것이다. 이에 따라 노동의 종류도
문화화 되기 시작한다. 물론 앞에서 말한 것처럼 생산성의 향상에
따른 잉여생산이 가능했기 때문에 이루어진 것이기는 하지만 그
결과는 인간을 모든 다른 생명체와 구별 짓는 상황으로 진화되어
신(神)과 지상 생명체 사이의 중간적 지위를 차지하게 된다.
그것이 바로 문화의 핵심을 이루는 '인간다움'이라는 인식의
문제를 만들었다.

인간이 동물적 존재에서 인간다움적 존재, 신은 아니지만
동물도 아닌 그러면서 거꾸로 신의 신성(神性)도 가지고 있으며
동시에 동물의 수성(獸性)도 가지고 있는 특수한 존재로 진화한
것이다. 이 과정에서 노동은 줄곧 주인공 역할을 한다. 생존의
수단으로서, 생계의 수단으로서, 재화를 창출하는 수단으로서,

---

낚시질은 어떤 경우는 노동이고 어떤 경우는 취미 활동이다. 농구 같은
스포츠도 마찬가지이다. 농구 선수에게는 노동이지만 아이들에게는
놀이일 뿐이다.

이처럼 어떤 행위가 노동이려면 몇 가지 요건을 갖추어야 한다.


1. 의도적인 목적 특히 경제적 가치 창출의 목적을 가져야 한다.

2. 정신적 혹은 육체적 힘을 사용하여 무엇인가를 만들어 내야 한다.

3. 심심해서가 아니라 미래지향적 필요성에 의해서 한다.

---

인간다움을 실천하는 수단으로서 그리고 마지막으로는 구원의 수단으로서 그 역할을 하는 것이 인간의 노동이다.

노동은 이러한 과정으로 오랜 세월에 걸쳐 진화했지만 오늘날 우리 사회에는 그동안의 모든 노동의 흔적들이 그대로 남아 있다. 생존을 위하여 노동하는 사람, 생계를 위하여 노동하는 사람, 재화를 쌓기 위하여 노동하는 사람, 자신의 수양을 위하여 노동하는 사람 그리고 영원으로의 귀속 즉 구원을 받기 위하여 노동하는 사람들이 공존하고 있다.

그런데 이 여러 형태의 노동 중에서 노동의 일반적 가치는 재화를 창출하는 것과 인간다움을 실천하는 것 사이에 있다고 할 수 있다. 아직까지 노동의 중요한 속성으로서 재화의 창출이라는 것을 배제할 수 없는 상황이지만 인류 역사상 어느 때보다도 풍요로운 세상이 되면서 인간다움이라는 명제에 지성인들의 관심이 고조되고 있기 때문이다.

특히 산업혁명 이후, 기계의 발명과 더불어 팽창하듯이 발전하는 경제력은 문화와 결합되면서 자연 상태의 인간 사회를 인위적인 제도적 사회로 변형시켜 여러 가지의 사회문제를 만들어 냈다.

이 문제들 중, 가장 많은 관심과 가장 깊은 관심을 끌고 있는 것이 인간의 생존을 위하여 시작된 노동의 결과로 인간의 생존이 위협받는 상황이 일어나고 있다는 점이다. 즉 살기 위해서 노력한 결과 죽게 되었다면 분명히 무엇인가 잘못된 것이다. 현대의 지성인들이 바로 이러한 문제를 고민하고 있다.

왜 그렇게 되었을까? 이 문제를 해결하려면 어떻게 해야 할까?

이는 비단 노동의 결과에 대한 분배 문제만이 아니다. 오늘날 노동의 문제는 분배 문제를 포함한 노동의 형태, 노동에의 참여 방식, 노동의 질 등 여러 가지가 있다.

아무리 많은 돈을 준다고 하더라도 노예처럼 평생을 살수 없으며, 아무리 보수가 높다고 하지만 나쁜 짓을 할 수는 없다.

바로 노동에 있어서의 정의로움 문제인 것이다.

그러면 노동의 정의(正義)는 어디에 있는가?

그 대답은 곧 인간다움이라고 할 수 있다. 이는 인간다움의
속성에 대한 문제로 발전할 수 있는데 그 전에 노동과 인간다움의
상관관계에 대하여 살펴봐야 한다.

태초에 인류는 오늘날처럼 누구는 지휘를 하고 누구는 사냥을
하고 하는 것처럼 분업화 되어 있지 않고 모두 같이 사냥을 하고
서열에 따라 분배가 이루어졌다는 점에서 약육강식의 동물들의
행동과 큰 차이는 없었다. 그러나 뛰어난 두뇌 덕분에 경험을
통하여 행위의 목적이 발생하게 되며 나아가 미래지향적 가치를
만들어내기까지 하였다. 그 과정에서 생존의 욕구를 넘어
문화적인 욕구 충족으로 진화하면서 노동은 인간에게 주어진
신의 선물로 여겨진다. 하지만 노동에는 반드시 노동력이라는
정신적 물리적 힘이 투입되어야 하는데 이는 상당한 고통이나
괴로움을 인간에게 준다. 그래서 노동의 고통을 잊게 하기 위하여
여러 가지 아이디어가 문화로서 나타나게 된다.

하지만 노동의 속성으로 힘이 든다는 것은 변함이 없다. 그래서
역사의 흐름과 더불어 점차 노동은 포로나 노예, 또는 농노와
하인들과 같은 부류의 사람들에게 미루어지며 이들을 관리하는

---

우리의 선조들은 노동을 즐겁게 하려고 어떻게 했을까?

우리 선조들은 그 방법의 하나로 '노동요'를 불렀다. 함께 노래하면서
일을 하면 조금은 덜 힘들고 즐겁게 할 수 있었고, 서로 힘을 합치기도
쉬웠고, 일하면서 쌓이는 스트레스도 풀 수 있었다. 그리고 농사일이
바쁠 때 '품앗이'나 '두레'라는 모임을 만들어서 함께 일을 했다. 힘든
일을 서로 거들어 주면서, 일도 빨리 끝나고, 사람들과 친해질 수도 있
었다.

지배계층에 속하는 사람들은 상대적으로 노동으로부터 벗어났다.
　그러나 기계가 발명되면서 이 기계는 우선적으로 피지배계층
사람들의 노동을 대신하게 되지만 여기서 머물지 않고 나아가
평민들의 노동까지 잠식하게 된다. 노예나 농노를 지배하던
계층을 대신하여 기계를 지배하는 계층이 등장하면서 다수의
일반인들까지 기계와 더불어 노동을 전담하는 노동자로
변신한다. 처음 얼마동안은 노동자가 기계를 사용하여 재화를
생산한다. 그러나 원래 기계 자체는 생산의 효율성을 본질로 하여
개발된 것이라서 지칠 줄 모르고 일을 하는데 비하여 노동자는
기계에 비하여 상대적으로 금방 지쳐버린다. 이에 기계의
소유자들은 기계를 중심으로 생산 계획을 세우고 이에 맞추어
노동자를 투입하게 되는데 그 결과 생산성은 폭발적으로
늘어났지만 노동자는 기계를 움직이는 자의 지위에서 기계의
성능에 맞추는 기계의 보조직으로 전락하게 된다. 결과적으로
기계가 인간의 노동력을 대체하게 되면서 인간은 생존의 위협을
받게 되는 현상들이 나타나게 되었다.
　이에 노동과 그로 인한 재화 생산의 본원적 목적론에 입각한

반성의 목소리가 등장하게 되고 그 중심에 인간의
인간다움이라는 이념이 자리하게 된 것이다.

그 결과 생산과 분배에 대한 이론들이 새롭게 정립되고 보다
인간적인 사회, 보다 인간적인 삶을 추구하는 노력들이 끊임없이
일어나게 되었다.

이 과정에서 노동과는 그 의미를 달리하는 노무(勞務)라는
개념이 만들어지게 되며 노무의 기준 가치에 생산을 대신하여
인권(人權)이 들어서게 된다.

그래서 노동을 미래지향적 경제가치를 만들어내는 활동이라면
노무는 노동의 내용에 관한 것으로 노동과 인권과의 관계에 관한
업무라고 할 수 있다. 즉 노예처럼 노동을 시키지는 않는가, 휴식
시간도 없이 노동을 시키지는 않는가, 임금은 적정하게 주고
노동을 시키는가, 노동하는 사람을 부당하게 해고 시키지는
않는가 등으로 노동자의 인간다운 삶을 보장하는 일인 것이다.
따라서 노무의 개념은 노동이라는 개념이 인간의 문화 발전과
더불어 진화한 것이라고 할 수 있다.

그러나 아직까지 인권에 대한 명확하고 통일된 개념적 합의가
이루어지지 않은 상황이라서 과연 무엇이 인간다운 삶을 보장해
줄 것인가는 앞으로도 계속 연구하고 발전시켜 나가야할
부분이다. 이와 더불어 노무라는 업무의 내용 또한 발전할 것으로
본다.

## 자아실현과 노동

태초의 노동이 인간의 생존을 위한 것이었다면 많은 세월이 흐르고 인간의 문화가 발달한 현대에 있어서 노동이 가지고 있는 의미와 기능은 질적으로 변화되었다고 볼 수 있다. 물론 노동이 가지고 있는 시원적 목적인 생존의 수단이라는 기능은 여전히 유효하지만 그 이외에 다른 문화적 욕구 충족이라는 기능이 수반되면서 노동의 주요 목적의 순서가 바뀌게 된다. 이러한 변화에 결정적인 영향을 미친 것은 바로 산업혁명이었다.

산업혁명은 여러 가지 측면에서 살펴보고 이야기 할 수 있지만 무엇보다도 중요한 사건은 바로 원동기의 발명이다. 그 때까지의 모든 도구는 인간이나 동물의 노동력을 동력원으로 삼았는데 이를 대신하여 힘을 만들어내는 원동기, 즉 증기기관이 발명된 것이다. 이는 인류 역사상 아주 중대한 사건이었으며 이를 기점으로 하여 기계가 인간의 노동을 대체하기 시작했다고 할 수 있다.

그 결과, 사회의 총체적 생산량이 늘어났지만 또한 기계에게 노동의 위치를 빼앗긴 노동자들의 비참한 현실이 사회문제로 등장하기에 이르렀다. 그래서 이제까지 현실과 유리된 추상적 사유 분야에서 다루어지던 삶의 궁극적 목적에 대한 생각이 현실에 대한 관찰과 비판적 의식을 동반하면서 새로운 시각으로 접근하기 시작했다. 바로 사회과학적 인식이 태동한 것이다.

왜 그렇게 힘들게 일하느냐?

그렇게 일하면 잘 살 수 있느냐?

일하면 즐거우냐?

너는 누구를 위하여 일하느냐?

일하는 것이 너의 삶이냐?

이러한 질문에 사회과학자들은 부정적인 대답을 하며 그 상황을 타파할 해결책을 나름대로 제시하였다.

사회과학이라는 것은 경험적 사실이나 명확한 지식(재생산이 가능한 지식)을 도구로 삼아 사회에서 일어나는 현상을 설명하고 문제의 해결 방안을 제시하는 학문의 일종이다.

그러나 사회과학자들은 그들이 말하고 주장하는 데로 경험적 사실이나 명확한 지식을 가지고 사회를 볼 수 없었다. 그러하기에 과학(science)이라는 용어가 너무 어렵고 복잡하였으며 경우에 따라서는 가치무용론으로 빠져들어 허무주의나 방임주의적 태도로 나타나 참된 과학적 사고가 잘 이루어지지 못하였다.

그리고 대다수의 경우에는 다시 중세의 기독교 가치관으로 회귀하였으며 과학이라는 말은 그들의 생각을 근대적인 것처럼 포장하는 포장지로 사용되었다. 한마디로 말하면 사회과학이라는 말은 과학임에도 불구하고 인간을 떠나지 못하고 인간이라는 말에 붙잡혀 결국 인간의 윤리성을 그들의 생각 과정에서 떨쳐내지 못하였다. 과학이 인간의 인간됨을 가치의 기준으로 아무도 모르게 품고 있었던 것이다.

노동에 관한 문제 역시 과학으로 포장되었지만 중세의 종교적 가치를 벗어나지 못하여 결국 수신(修身)이라던지 신성(神聖)이라는 용어와 결합하게 되고 이는 산업혁명 후의 비참한 노동계 현실을 역설적으로 어느 정도 당연시 하는 풍조로 나타난다.

노동 현실의 비참함에 대한 반성의 수단으로서 사용된 과학 때문에 오히려 그러한 비참함이 부분적으로는 긍정적으로 받아들여져 기계화로 인해 발생한 사회문제에 조그만 면죄부를 준 셈이 된 것이다.

그러나 과학이 가져온 또 다른 면은 중세의 기독교 가치관으로 돌아간 것까지는 동일하지만 이후 종교 대신에 인간의 이성에 기대어 세속적 가치관으로 발전하게 된다. 즉 노동이 신성하고 덕을 쌓는 수련으로 볼 수도 있지만 이는 종교적 구원을 목적으로 하지 않고 세상 속에서 살아가는 인간으로서의 삶, 그것도 보다 완전한 삶을 목적으로 삼았다.

그래서 자신의 자신다움, 자신이 생각하는 인간다움을

실천하는 수단으로서 노동이 인식되기 시작한 것이다. 더불어
기계와 구분되는 노동력의 주체로서 인간의 노동 행위를
생각하게 되고 그것을 인간의 권리로 규정하여 인권(人權)의
내용으로 삼았다.

오늘날 노동은 직접 노동력을 제공하고 있는 노동 당사자 뿐만
아니라 그 노동의 결과를 누리는 제3자까지를 포함한 사회의
모든 사람들에게 있어서 인간다움을 실천하고 인간의 의지를
구현하는 수단으로 전환되었다.

그래서 오늘날 현대 사회에 있어서 노동은 인간의 인간다움을
완성하고 자신의 자아를 세상에서 실현하는 인간 고유의 권리로
생각하기에 이르렀다.

여기에 바로 노무 문제가 등장하며 이를 전문적으로 취급하는
노무사가 필요하게 된 이유다.

따라서 노무 문제나 노무사는 현대 산업사회에서 볼 수 있는
문제이고 인력이라 할 수 있다.

---

감정 노동이란?

감정 노동이란 이제까지 잘 알려지지 않은 말로서 보통 일하다 보면 겪
게 되는 심리적 고충 정도로만 여겨져 왔다. 쉽게 말하자면 자신의 기
분이나 감정을 억누르고 손님의 기분을 맞추는 일을 말한다.

감정 노동은 심하고 약한 정도의 차이는 있지만 거의 모든 일에 수반되
는 노동의 일종이라고 보아야 한다.

즉 일을 하다 보면 자신의 성격이나 자신의 생각 기준과 맞지 않더라도
고객의 기호나 심리 상태를 우선적으로 배려하고 자신의 가치를 억누
르는 마음의 노동이라 할 수 있다. 그러다보니 이 정도가 심하면 스트
레스를 많이 받아 병이 생기거나 다른 병의 원인되기도 한다.

감정 노동이 상대적으로 심한 직업으로는 항공기 객실 승무원, 장례지
도사, 아나운서, 음식점 서비스 종업원 등을 들 수 있다.

## 이주노동자

주로 힘들거나 기피하는 3D 업종을 위주로 육체노동에
종사하는 외국인 노동자를 말한다. 원래는 살던 곳을 떠나 옮겨와
일하는 사람들을 말하는 것인데 예전에는 국적이 다르다는
의미로 '외국인 노동자'라는 말을 썼지만 요즈음에는
'국제이주노동자'라는 의미로 이 말이 사용된다.

우리나라에 이주노동자들이 들어오기 시작한 것이 1980년대
말 부터였다. 1980년대 후반 급속히 진행된 한국 사회의
민주화와 그에 따른 노동운동의 성장으로 국내 노동자들의
생활여건이 향상되면서 열악한 처지의 저임금 노동을 3D라고
하여 기피하는 현상이 나타나게 되었다.

이로 인해 1987년 이후로 노동 집약 부분을 필두로 일어나기
시작한 인력난이 1990년대 들어와서는 전체 제조업으로
확대되었으며 1991년에 이르러서는 제조업 생산직 노동자의
부족 인원이 약 18만 명을 넘게 되었다.

이주노동자는 바로 이러한 노동력을 충당하기 위하여 국내에
들어오기 시작하였다. 이 이주노동자들에게는 우리나라의
노동환경이 자기 나라보다는 좋다고 여기기 때문에 들어와 일을
하는데 나중에는 이 역시 노동의 본질적인 가치와 충돌한다고
보는 국내외 노동운동가들의 관심 대상이 되었다.

처음 이주노동자들은 중국교포로 1988~1990년 과열된
건설경기와 건설업부문의 인력 부족으로 들어오게 되었다. 이후
필리핀인을 위시한 아시아인의 유입이 있어왔다.

국내에서 단순노동을 하고 있는 외국 인력의 규모는
1991년부터 1993년까지는 약 3~6만 명 정도였으나, 현재
이주노동자의 수는 대략 70만 명에 이르고 있다.

특히 1993년 11월 말부터 중소기업협동조합 중앙회 산하
산업기술연구협력단과 각국의 인력 송출 업체 간의 계약에
의하여 중·기·협 연수생 즉 '산업연수생' 제도를 도입하게 됨에
따라 많은 수의 외국인들이 연수생 자격으로 국내에 들어와

노동을 하게 된다. 1997년의 경우를 예로 들면 약 22만 명의 이주노동자 중 연수생은 약 7만여 명이었다.

오늘날 이주노동자는 우리 사회의 노동시장의 한 부분을 차지하고 있지만 그들 중 상당수는 불법체류 노동자들이어서 사회문제화하고 있다. 이들은 법의 테두리 밖에서 노동을 하기 때문에 일반적으로 생각할 수 없는 여러 가지 문제 발생의 원인이 되고 있다. 특히 인권의 사각지대에 있기 때문에 국제문제화 될 수 있는 소지도 있어 시급한 대책이 필요한 상황이다.

---

3D 업종

1980년대 이후 생활수준이 급격히 향상되면서 일반 사람들이 일하기를 꺼리는 업종을 지칭하는 용어이다.

힘듦을 의미하는 difficult, 위험함을 의미하는 dangerous, 더러움을 의미하는 dirty의 앞 글자를 따 만들었는데 바로 힘들거나 위험하거나 더러운 환경에서 일하는 직업을 말한다.

# 03 생산기술의 발달과 사람의 역할

## 생산의 주체자로서의 사람

음식을 만드는 일을 놓고 다음과 같은 비교를 해보자.

첫 번째 경우 : 이 사람은 음식 만드는 것이 취미라서 여가 시간이 있을 때 맛있는 음식을 만든다.

두 번째 경우 : 엄마는 가족들의 저녁식사를 위하여 맛있는 음식을 만든다.

세 번째 경우 : 요리사는 손님을 위하여 맛있는 음식을 만든다.

위의 3가지 경우에 있어서 모두 음식을 만들지만 첫 번째 경우는 아무런 목적 없이

만들고 싶어서 만든다. 이를 우리는 취미 활동이라고 할 수 있다. 두 번째 경우에는 가족의 식사를 만든다는 목적을 가지고 있다. 이 경우에 이 엄마는 음식 만드는 일을 하고 있는 것이다. 하지만 세 번째 경우는 손님에게서 돈을 받기 위하여 음식을 만드는 노동을 하고 있다.

다 같은 행동을 하지만 이렇게 활동, 일, 노동으로 구분하여 생각해 볼 수 있다.

여기에서 음식을 만드는 행동을 떼어서 보자. 첫 번째 경우에서 우리는 취미 활동의 결과로

만들어진 음식을 두고 생산이라는 말을 사용하지 않는다. 그냥
음식을 만들었다고만 할 뿐이다.

두 번째 경우에서 엄마가 식구들을 위하여 저녁 식사를
만들었을 때에 생산했다고 할 수 있을까?

이때에도 역시 저녁 식사를 만들었다고 하지 생산했다고 하지
않는다.

그러나 세 번째의 경우에 있어서 손님을 위하여 음식을
만들었을 때에는 생산이라는 용어를 사용할 수 있다. 그래서 음식
한 그릇을 만드는데 드는 생산원가가 얼마이며, 이것 저것 제하고
나면 이윤이 얼마가 된다라고 하는 것이다.

여기서 우리가 생각해야 할 것은 생산이라는 것은 무엇을
만드는 것만을 뜻하지 않는다는 것이다. 만들지만 그 목적이 바로
경제적 가치를 만들어내는데 있다는 말이다. 쉽게 말하면 돈을
벌기 위해서 무엇을 만들 때 우리는 생산이라는 용어를 사용할 수
있다.

따라서 생산이라는 말은 무엇을 만드는 것을 말하는 것이
아니라 미래를 대비하여 경제적으로 가치 있는 무엇을 만드는
행동을 한정적으로 말한다.

그래서 생산은 경제활동에 속하며 경제활동의 일부분을
차지한다. 이렇게 분명하게 용어를 구분해야지만 이야기를
풀어나가는데 혼란이 발생하지 않는다. 특히 경제 주체와 생산
주체를 말할 때 이러한 구분은 확실히 이루어져야 한다.
일반적으로 경제와 생산을 혼용하면 이익의 분배 문제에 있어서
억지 논란이 생길 수 있다.

그러면 생산의 주체자로서의 사람은 어떤 의미를 가지게 될까?
이 역시 노무관계에 있어서 아주 중요한 부분이 될 것이다.

먼저 앞에서 이야기 한 것처럼 생산은 경제적 가치를
만들어내는 행동이기에 인간에게 고유한 활동이라고 할 수 있다.
다른 동물들에게서 생산 활동을 볼 수 없다는 말이다.

　그런데 현대 산업사회에 있어서 과연 생산의 주체가 사람일까
하는 문제는 한번 생각을 해 봐야하는 문제이다. 왜냐하면
실제적으로 생산 활동을 하는 것은 인간이 아니고 기계와 같은
생산용구들이기 때문이다. 설사 인간이 생산 활동을 한다고
하더라도 경제적 가치가 떨어지기 때문에 과연 이를 생산
활동이라고 단정할 수 있느냐 하는 문제가 생긴다.

　사람이 직접 노동을 하여 생산한다고 하면 오히려 경제적
가치를 축소할 수가 있다. 판매가격보다 생산원가가 더 많이 드는
경우에 이를 생산이라고 볼 수 있느냐는 것이다. 생산은 분명
경제적 가치를 만들어 내는 활동이라고 하였는데 노동력을
투입한 결과 그 가치가 줄었다면 이를 생산이라고 할 수 없다.

　그런데 이 문제에 있어서 우리는 가치의 다원화를 생각해야
한다. 예를 들면 옷을 만드는데 기계가 만들 수도 있고 사람이
직접 만들 수도 있다. 경제성 측면에서는 기계가 옷을 만드는
것이 사람이 직접 만드는 것보다 일반적으로 높다.

　하지만 이 경우에 사람의 손으로 만들었다는 수제 옷이라는
값어치가 기계가 만든 값어치보다 높게 인정을 받게 되면 사람의

생산성도 기계 못지않을 수 있는 것이다. 특히 예술 분야에 있어서는 더욱 그러하다.

또한 기계라는 노동 수단을 사용하여 생산한다고 하더라도 완전 자동화가 이루어진 상태가 아니라면 이 역시 사람의 최종적인 통제에 의하여 생산 활동을 하게 된다. 그런데 사람의 이 최종적인 통제가 곧 경제적 가치 창출을 목적으로 이루어지고 있기에 기계를 사용하여 생산을 한다고 해도 결국 효율성이 높아졌을 뿐 사람의 생산 활동에 의하여 생산되었다고 봐야 한다.

결국 기계나 도구와 같은 생산용구를 사용하여 노동을 하던, 아니면 직접 맨손으로 하던 간에 노동 대상에 노동력을 투입하여 경제적 가치를 만들어내는 생산 활동에 있어서 사람은 주체자로서 그 지위를 가지게 된다. 이러한 생산 주체자로서의 지위는 노무관계에 있어서 아주 중요한 가치로 인간을 생산 수단의 일종으로 보는 시각에 대해 경종을 울려 줄 수가 있게 된다.

그런데 생산 현장에서는 종종 이러한 지위가 역전되어 기계의 생산성을 중심으로 인력이 편성되기도 하는데 생산의 효율성을 중요시 여기는 산업사회에 있어서 부수되는 문제점이라 할 수 있다. 하지만 생각을 정확하게 가지고 있다면 이는 언젠가는 개선될 여지가 충분히 있게 된다.

## 노동력 제공자로서의 사람

인간은 노동의 주체이며 노동력의 주인이다.

노동은 사람만이 하는 것이고 사람만이 할 수 있는 행위이다. 힘을 사용한다던지 일을 하는 것은 다른 동물들도 간혹 할 수 있지만 문화의 단계에서 이야기되는 노동이라는 것은 인간 이외에는 불가능하다고 할 수 있다.

그런데 여기에 과감하게 도전장을 내민 것이 생명체가 아닌 기계였다. 물론 초기 단계에 있어서는 도구에서 한 걸음 더 나아간 정도였기에 인간 노동의 부수적 지위에 있었다. 그러나 독자적인 동력원이 만들어지고 자동화 시스템이 구축되면서 인간의 노동을 완전히 대체하는 수준에 까지 이르렀다. 이에 인간에게만 고유한 것으로 간주되던 노동이 기계에 의해 침식당한 형상이 되었다.

그러면 우리는 기계를 노동자라고 할 수 있을까?

일반적으로 노동을 미래지향적인 경제적 가치를 만들어낼 목적으로 힘(노동력)을 사용하는 활동을 말한다. 쉽게 말하면 돈을 벌기 위하여 일을 하는 것을 노동이라고 한다. 그러나 노예의 경우에는 해당되지 않는다. 그러면 노예는 노동자라고 할 수 없을까? 물론 돈 이외의 다른 가치를 전제로 할 수 있다. 예를 들면 죽음으로부터의 모면과 같은 것이다. 일을 하지 않으면 죽는다고 할 때 죽지 않기 위하여 일을 한다면 비록 돈은 벌지 못하더라도 보상을 받았다고 생각할 수 없을까? 그러면 이 역시 노동이라고 봐야 할 것이다.

만일 노예가 하는 일이 노동이라면 기계가 하는 일도 노동이라고 생각해야 하지 않을까?

성능이 좋지 않거나 작동하지 않는 기계는 주인이 부숴버리던지 고철로 팔아버리니까 죽기 싫어서 일하는 노예와 다를 바가 없지 않을까?

그러나 기계는 보상을 전제로 하는 목적의식이 없다. 즉

부숴지는 것이 두렵다거나 싫다는 생각 또는
느낌이 없다. 이는 가치에 대한 인식 능력
자체가 없는 것으로 자기 자신에 대한 고려가
있을 수 없는 것이다. 그러니 기계에게는
보상이라는 것이 없다고 할 수 있다.

말하자면 돈을 벌기 위해서 일하는 기계는
없다는 것이다. 오직 사람만이 돈을 벌기
위해서 노동을 한다.

그러면 스스로 알아서 작업을 하는 로봇은
어떻게 생각해야 하는가?

로봇이 할 수 없다고 여겨지는 작업은 하지
않으며 문제가 발생하면 스스로 진단하고
경우에 따라 스스로 치료까지 하는 현상은
어떻게 받아들여야 할까?

이 역시 로봇이 자신의 이익을 위해 스스로
판단하여 자의적으로 선택하는 것이 아니고
저장된 프로그램에 따라 작동하는 것이다.
프로그램이라는 것은 인간의 노동의지가
저축된 형태로 있는 것이기 때문에 로봇의
의지가 아니다. 로봇이 작업을 할 때는 인간의
노동의지에 따라 작동하는 것이지 로봇이
자신을 위하여 노동하는 것은 아니다.

우리가 교육을 할 때 세뇌교육을 하면 안

된다고 하는 이유가 바로 앞에서 말한 논리에
의해 특정 목적을 향해 프로그램화 된
세뇌교육은 인간을 인간이 아닌 기계로 만들어
버리기 때문이다. 노동을 하는 인간이 되어야
하는데 작업을 하는 생체기계로 만든다.

결국 생산도구이든지 기계이든지를 막론하고
노동수단으로 이용되는 것은 모두 인간의
노동력을 더욱 효율적으로 만들기 위한 것에
지나지 않는다. 그래서 인간의 노동력이 상실된
세상에는 어떠한 노동 현상도 일어날 수가
없다. 노동은 인간의 노동력 제공에 의해서만
행하여질 수 있는 것이다.

인간은 노동의 주체이며 노동력의 주인이다.
이는 노무와 관련된 문제들을 해결하는데
있어서 중요한 길잡이가 될 것이며 노무가 인권
문제와 불가분의 관계에 있는 이유이기도 하다.

노무와 관련한 용어 해설 1

■ "근로자"란 직업의 종류와 관계없이 임금을 목적으로 사업이나 사업장에 근로를 제공하는 자를 말한다.

■ "근로자대표"란 근로자의 과반수로 조직된 노동조합이 있는 경우에는 그 노동조합을, 근로자의 과반수로 조직된 노동조합이 없는 경우에는 근로자의 과반수를 대표하는 자를 말한다.

■ "사용자"란 사업주 또는 사업 경영 담당자, 그 밖에 근로자에 관한 사항에 대하여 사업주를 위하여 행위하는 자를 말한다.

■ "사업주"란 근로자를 사용하여 사업을 하는 자를 말한다.

■ "근로"란 정신노동과 육체노동을 말한다.

■ "근로계약"이란 근로자가 사용자에게 근로를 제공하고 사용자는 이에 대하여 임금을 지급하는 것을 목적으로 체결된 계약을 말한다.

■ "임금"이란 사용자가 근로의 대가로 근로자에게 임금, 봉급, 그 밖에 어떠한 명칭으로든지 지급하는 일체의 금품을 말한다.

■ "평균임금"이란 이를 산정하여야 할 사유가 발생한 날 이전 3개월 동안에 그 근로자에게 지급된 임금의 총액을 그 기간의 총일수로 나눈 금액을 말한다. 근로자가 취업한 후 3개월 미만인 경우도 이에 준한다.

■ "소정(所定)근로시간"이란 관련법령에 따른 근로시간의 범위에서 근로자와 사용자 사이에 정한 근로시간을 말한다.

■ "단시간근로자"란 1주 동안의 소정근로시간이 그 사업장에서 같은 종류의 업무에 종사하는 통상 근로자의 1주 동안의 소정근로시간에 비하여 짧은 근로자를 말한다.

■ "통상임금"이란 근로자에게 정기적이고 일률적으로 소정(所定)근로 또는 총 근로에 대하여 지급하기로 정한 시간급 금액, 일급 금액, 주급 금액, 월급 금액 또는 도급 금액을 말한다.

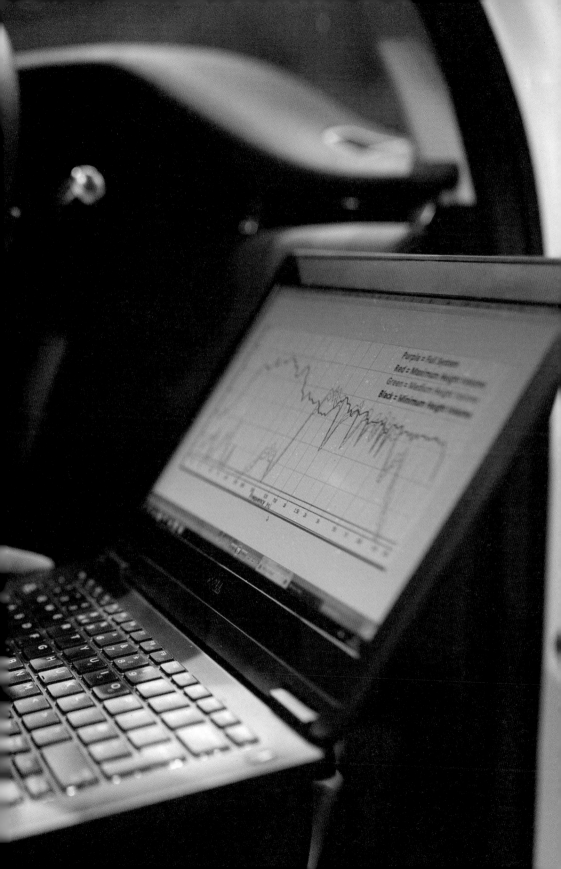

# Part Two

# History Ⅱ

# 01 현대 사회와 법치주의 정신

현대 사회에서 법치주의라 함은 법에 의한
통치만을 이야기하는 것이 아니다.

오늘날 법치주의는 현대 국가의 보편적 요소 중의 하나이다.
그러나 이 역시 좀 더 생각해보면 우리가 건성으로 말하는 것과는
많이 다르다는 것을 알 수 있다.

법을 공부했던 안 했던 간에 사람들은 일반적으로 법치주의가
법에 의한 통치라고 말한다.

그런데 한 번 생각해보자. 인류의 역사를 훑어 볼 때
성문법이던 불문법이던, 왕법이던 신법이던 법이 없었던 때가
얼마나 있었을까? 정치체가 형성된 이래로 어떠한 형태로던지
법은 존재했으며 항상 법에 의하여 일이 이루어졌다.

그러면 오늘날 법치주의를 새삼스럽게 이야기할 필요가
있을까? 왜 현대 민주국가만이 법치주의를 한다고 생각하며

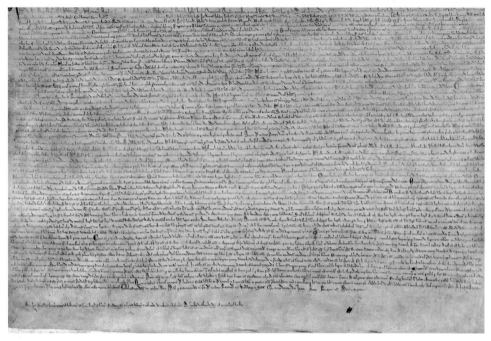

▲ 영국 헌법의 근거가 된 최초의 문서 마그나카르타(Magna Carta)대헌장

역으로 법치주의를 하면 민주주의가 실천된다고 여길까?

앞뒤가 맞지 않는 말들이다.

동양에서는 옛날에 법치를 좋지 않은 정치 형태로 생각했다. 즉 법치는 포악한 패도정치의 표본이고 덕치나 예치가 훌륭한 왕도정치의 표본이라고 했다.

그런데 오늘날 민주주의에서는 왜 법치가 좋은 정치형태라고 말할까?

법에 의한 통치 단계를 넘어선 그 무엇이 있기 때문이다. 그것 때문에 법치가 민주주의 이론의 중심에 놓여 질 수가 있다.

그러면 그것은 무엇일까? 바로 법 그 자체이다.

이 법이라는 것이 옛날의 법치와 현대의 법치의 성질을 정반대로 바꾸어 놓았기 때문이다.

따라서 법치라는 말이나 형태가 중요한 것이 아니고 법치에서 사용되는 법의 정신이나 내용이 중요하며 그것이 바로 오늘날 현대 민주사회 법치주의의 핵심 가치이다.

그러면 옛날의 법치와 오늘날 민주주의에서 말하는 법치는 어떻게 다른지 살펴보자.

## 산업혁명 전의 법치주의

　동양과 서양에 있어서 사회 및 법 사상의 발전 과정은 서로 많이 다름에도 불구하고 오늘날 서양의 법 사상이나 제도의 발전사를 일반적으로 사용하고 있다. 따라서 동양에 사는 우리의 경우와는 다를 수가 있다는 것을 항상 염두에 두어야 한다.

　우리가 일반적으로 법치 사상에 대하여 이야기할 때 영국의 마그나카르타(1215년)나 권리청원(1628년), 권리장전(1689년) 등을 변화의 분수령으로 떠 올리지만 정말로 획기적인 변화를 가져온 것은 바로 18세기를 중심으로 하는 산업혁명이다.

　산업혁명 전과 산업혁명 후의 법은 완전히 그 내용을 달리 하기 때문이다.

　산업혁명 이전의 서양에서는 고대의 자연법 사상에서 신의 의지가 법의 주체로 등장하는 신법시대로 나아간다. 이때에는 신의 의지나 신의 의지를 대변하는 자들의 의사가 신의 이름으로 권력을 휘둘렀다. 이때 이들이 내세운 신의 의지가 곧 당시의 법이었다. 그래서 이를 우리는 신법이라고 한다.

　서양의 중세는 바로 이러한 신법에 의한 법치가 행하여졌던 것이다. 그런데 문제가 되는 것은 신의 의지가 아니고 신의 의지라고 해석하는 신의 대변인들의 욕망이었다.

　인간인 대변인들은 그들의 의사를 신의 의지로 변질시켜 사람들에게서 그들의 욕구를 충족시키는데 이용하였다.

　이러한 신법에 의한 법치가 아주 오랜 세월동안 지속되었는데 12세기경부터 고대 그리스의 자연법 사상이 라틴어 세계로 스며들면서 과학 정신이 태동하자 신법의 시대도 서서히 막을 내리게 된다.

　그러나 인간의 이성이 다시 조명을 받기 시작하는 르네상스 시대를 거치지만 중세가 가진 천년의 역사적 무게를 이기지 못하고 근대는 다시 기독교 가치관으로 회귀하게 된다.

　이후 신의 권위와 인간의 이성이 결합한 형태로 나타난 절대 왕권은 또 다시 사람들의 삶을 피곤하게 하였으며 이에 본격적인

왕권을 제약하는 법이 만들어진다. 바로 권리청원이나
권리장전과 같은 것들이다.

　이 당시에는 왕이 곧 법이고 국가 그 자체였다. 특히
과학이라는 합리성과 객관성을 등에 업은 왕권은 역사상 그 어느
때보다도 강력하였고 이 힘은 왕 자신의 욕망과 결합되어 많은
사회적 피해를 낳게 된다.

　이에 귀족들이 중심이 되어 왕으로부터 귀족 자신들의 권리를
보호받기 위하여 왕권을 제약하기 시작한다. 귀족들은 왕이
마음대로 권력을 행사하는 것이 아니라 만들어진 법에 의해서만
행사하도록 하여 왕으로부터 자신들을 보호하려고 하였다. 물론
이런 일들이 조용하게 이루어지지는 않는다. 왕과의 피나는
투쟁을 거쳐 왕을 굴복시킴으로써 가능하게 된 것이다. 법에
의하여 왕의 권력을 묶어 두어 왕이 마음대로 법을 만들어 권력을
행사하지 못하게 하였던 것이다. 그 결과 귀족뿐만 아니라 일반
평민들까지 혜택을 보게 되었다. 이것이 근대의 법치 개념이다.
즉 왕의 권력을 제한함으로써 반사적으로 혜택을 본다는
의미이다.

　하지만 이는 왕이 법이라는 형식을 통하여 지배하는 것이지
왕이 법에 구속받는 것은 아니다. 다시 말하면 왕이 하고 싶은
것을 어느 정도 제약했을 뿐이지 왕이 하기 싫은 것까지 하도록
한 것은 아니라는 말이다.

　즉 법으로 나라를 다스린다는 형식주의와 더불어 왕권을
제약하는 법이 함께 등장한 것이다. 법은 권력자가 마음대로

만들던 시대가 끝나간 것이다. 그러나 오늘날 민주국가에서처럼 완전한 합의에 의해 법이 만들어지는 것은 아니다. 단지 왕이 자신 마음대로 하지 못하도록 했을 뿐이다. 특히 세금 부분에 있어서 그렇게 하도록 했다. 그 결과, 전쟁을 위하여 왕의 의지대로 세금을 거두는 일이 제약을 받게 되며 전쟁을 치르는 것이 수월치 않게 된 것이다.

근대의 법치는 이렇게 시작하였으며 산업혁명이라는 고개를 넘어 현대적 법치 개념으로 발전하게 된다.

산업혁명은 인류의 산업기술 발전사에 있어서 중요한 위치를 차지하고 있지만 사회적 문제에 있어서도 획기적인 인식의 전환점을 이룬다. 이제까지 유럽 사회에서 나타나던 사회적 현상과는 전혀 다른 문제들이 나타나면서 인류 사회는 현대로 나아가게 된다. 바로 노무라는 개념이 서서히 형성되면서 노동이나 생산 그 자체가 아닌 인간과 노동의 관계에 대한 재해석이 시작되는 것이다. 노무는 바로 이러한 재해석을 바탕으로 체계를 잡아가게 된다.

따라서, 노무라는 개념은 현대 산업사회의 형성과 더불어 만들어진 것으로 노동 문제에 시원적으로 존재하던 것은 아니다. 즉, 옛날에는 노무라는 말이 없었고 생각도 없었다는 말이다.

산업혁명이야말로 오늘날 노무사라는 직업이 생기도록한 장본인이라고 할 수 있다.

## 산업혁명 후의 법치주의

인류의 역사에 있어서 산업혁명은 여러 가지 변혁을 이루는 계기가 된다. 특히 기술 분야는 말 할 것도 없고 종교와 인생의 가치에 관한 생각이라던지 생산과 경제 성장이 가져다주는 효과에 대한 처리 문제를 비롯하여 참된 의미에 있어서 르네상스를 가져온다.

산업혁명의 효과는 크게 긍정적인 부분과 부정적인 부분으로 대별되지만 결국 인간의 이성적 사유력을 통하여 변증법적인 발전을 이루게 되면서 바로 오늘날 현대인의 삶에 있어서 중심적 가치가 만들어지게 되는 것이다.

먼저 긍정적인 부분은 과학기술의 혁명적 발전을 이룩하는 베이스캠프가 되었다는 것이다. 이는 현대인의 생활을 윤택하게 해 주었을 뿐 아니라 정신활동의 영역을 확장해 주어 종교로부터 인간의 사유작용이 자유로워지는 환경을 만든다.

과학이라는 것은 제한된 조건 하에서 경험적으로 어떤 현상이나 대상을 증명해 나가는 과정이라고 할 수 있다. 비록 과학이라는 용어 자체는 아주 오랜 옛날에 나왔지만 당시에는 자연법 이상의 것이 아니었다. 과학이 과학답게 제대로 역할을 하도록 만들어준 것은 바로 산업혁명이다. 그 이전의 과학은 철학적 사유방식을 빌린 철학의 일종에 지나지 않았다고 볼 수 있다. 어떻게 보면 철학적 사유방식의 객관화 내지는 경험화가 곧 과학이라고 할 수 있다. 그래서 과학은 인간 이성이 낳은 최고의 걸작품이라 하겠다.

이러한 과학의 발전 덕분에 사람들은 삶의 질을 높일 수 있었으며 인간으로서의 정체성에 대하여 돌아보게 된다. 더 이상 생존을 위하여 노동에 매달리지 않고 자신의 의지를 곧 자신의 꿈을 실현하고자 노력하게 된다. 말하자면 인간답게 살고 싶다는 것이다. 그런데 이 '인간답게'라는 것은 정해진 내용이 없다는 것이 문제다.

무엇이 인간다운 것일까?

굶주리지 않고 사는 것일까? 아니면 멋있는 옷을 입고 사는 것일까?

산업혁명 이전의 인간답게라는 말은 통일된 가치를 가지고 있었다. 적어도 종교적 윤리관이 삶의 중심에 있어서 사회는 비교적 안정적이었고 개인적 삶의 방향도 혼란스럽지 않았다. 그러나 산업혁명을 거치면서 이러한 가치관은 붕괴되고 대신 웰빙이라는 말이 등장한다.

이러한 가치관의 변화로 인하여 삶의 추구방식이 바뀌면서 사회의 어두운 면이 눈에 들어오기 시작한다. 즉 이제까지 잊혀졌던 것인지 아니면 운명론적으로 어쩔 수 없었던 것인지는 모르지만 산업혁명의 어두운 부분이 사회문제로 인식된 것이다. 바로 기계와 자본에 의한 인간의 존엄성 침해 문제가 화두로 떠오른 것이다. 인간답게 사는 것이 일부 사람들의 영역에서 모든 시민들의 영역으로 확대된 것이다.

모든 사람은 인간답게 살 권리를 갖는다.

이것이 현대 사회가 보편적으로 주창하는 사회논리이다.

여기에 바로 현대 사회의 법치 이론과 인권, 그리고 노무
문제가 관계하게 된다.

현대 사회의 민주적인 법은 왕의 욕망을 대변하는 것이 아니라
일반 시민의 인간다운 삶을 꾸려 나갈 수 있도록 환경을
조성하는데 그 목적이 있다. 바로 자기의지의 실천을 보장하는
내용을 담고 있다. 따라서 법치라는 것은 바로 이러한 법에
의하여 국가나 사회를 관리하는 것을 말하지 더 이상 법에 의한
통치라는 의미는 없다.

따라서 법치 사회에서 당연히 등장하는 것은 인권이고 노동
문제 또한 인권을 떠나 이야기 할 수 없게 되었다.

이것이 현대 사회의 노무 문제의 본질이기 때문에 노무는 법치
정신과 인권을 항상 곁에 두고 있다고 할 수 있다.

# 02　　　　노사관계와 노무관계

## 노동과 자본, 그리고 지식산업

원시시대에서는 노동만 있으면 생산이 가능했을 것이다. 그러나 현대에는 노동만으로 어떤 경제적 가치를 생산한다는 것이 제한된 특정 분야가 아니면 어렵다. 일반적으로 노동과 자본이 결합되어야 생산 활동이 가능하다고 할 수 있다. 그런데 여기서 노동력을 제공하는 사람과 자본을 제공하는 사람이 같은 사람일 경우도 있지만 다른 사람일 경우가 더 많다. 이러한 경우 노동력을 제공하는 사람들은 근로자 그룹이 되고 자본을 제공하는 사람들은 자본가 그룹이 된다. 예전에는 자본가 그룹에서 대표가 나와 회사를 운영하였는데 요즈음은 이마저 전문화 되어 전문 경영인이 회사를 운영하기도 한다.

이처럼 생산 활동이 분화된 배경에는 보다 효율적으로 경제

가치를 생산할 수 있다는 것과 그 생산된 가치 중에서 자신들이
차지할 수 있는 부분이 더욱 많아진다는 확신이 있기 때문이다.
노동자는 자본가들과 협력하여 임금을 받을 수 있고, 생산량에
따라 더 많은 대가를 받을 수 있으며, 자본가는 노동자들과
협력함으로써 은행에 돈을 맡겨 놓았을 때보다 훨씬 많은 수익을
올릴 수가 있다.

그래서 노사관계는 이렇게 서로에 대한 협력을 바탕으로
맺어지는 것이라 할 수 있다. 그러나 현실에 있어서 노사관계는
우호적이지만 않다. 서로 대립하고 투쟁하는 일들이 종종
일어나고 있다.

이윤을 극대화 하려는 자본가와 임금과 더불어 최상의 복지
서비스를 받고자 하는 노동자 사이는 안정적인 균형점을
찾으려는 천칭 저울처럼 끊임없는 힘겨루기가 일어나는 것이
현실이다. 특히 웰빙이 사회적 가치로 자리 잡은 현대 산업사회에
있어서 이러한 충돌은 여러 가지 문제를 낳으며 심한 경우에는
사회분열로 이어지기도 한다. 그래서 어느 사회이던지 이 문제를
깊이 있게 다루고 있으며 근본적인 해결책을 마련하기 위하여
원인 분석과 진단을 하고 처방을 내리지만 속 시원히 풀리지 않는
것이 노사문제이다.

노동자는 생계유지를 위해서 노동력을 자본가에게 제공하고
그 대가로 임금을 받게 된다. 처음부터 노동력이 상품처럼
취급되었던 것은 아니었지만 자본주의가 정착되면서 자연스럽게
그렇게 되었다.

노동력은 기업에게 있어서 초기 생산비용에 들어간다.
기업에게 자본은 유·무형의 생산품을 만들어내기까지의 모든
비용이 포함되는데 여기에 노동력은 아주 중요한 부분을
차지한다고 할 수 있다.

그런데 자본이 성장하면 할수록 자본 사이의 경쟁도 증가하여
노동 생산성을 더욱 향상 시키지 않고는 그 경쟁에서 이길 수

없게 된다. 결국 분업의 확대와 기계의 전면적인 도입, 경영
개선이 뒤따르게 되며 이로 말미암아 높아진 생산성 덕분에
자본가는 더 많은 상품을 더 큰 시장에 내다 팔게 되어 경쟁력이
높아지게 된다. 하지만 이러한 현상은 상대 기업을 자극하여 또
다른 투자를 유도하게 되고 이는 더 큰 규모의 경쟁을
촉발시키면서 노동 생산성에 기업의 사활을 걸게 된다. 따라서
생산성을 높이려는 기업의 욕구는 기계화 또는 자동화
생산체제로 발전해나가며 상대적으로 노동자의 입지는 점점
좁아져 노사문제는 한 기업 내에서 자본가와 노동자 간의
문제에서 벗어나 생산 현장에서의 노동자에 대한 일반적
처우문제로 그 성질이 변해 나가고 있다.

   자본의 성장은 갈수록 열악해지는 노동환경에도 불구하고
노동자 사이의 경쟁을 더욱 부채질한다. 자본의 성장이 불러오는
기계화로 인하여 노동은 더욱 단순화되고, 실업도 증가하는데,
임금은 노동이 단순화될수록 하락하기 때문에 노사관계의
근본적인 문제점이 이전과 같지 않은 상황으로 산업 현장이
바뀌고 있다.

   특히 첨단지식산업의 경우에는 노사관계가 이전의 자본가, 즉
사주 그룹과 노동자 그룹의 대립 관계에서는 이해할 수 없는
부분이 많아졌다. 노동과 자본의 구분이 아닌 융합의 단계로
발전하면서 고전적 노사관계로는 설명되지 않는 것이다.
노동자와 자본가 사주 간의 구분이 모호해지면서 노사 간 이익의
상대적 분배 문제 대신에 노동 현장에서의 인간적인 삶의 문제를
다루게 되었다.

   노동 자체의 문제가 아니고 노동이라는 사회경제적 행위를
둘러싼 인간의 삶이 오늘날 우리 사회에서 중요한 이슈로
나타나고 있는 것이다.

   이것이 바로 우리가 말하고자 하는 노무문제라고 할 수 있다.

## 기업과 경제발전

1963년 2월 서울 장충체육관이 개관식을 했다. 당시 우리 기술로는 지을 수가 없어서 필리핀 업체가 건설했다고 한다. 세계 최고의 건축기술을 자랑하는 현재의 우리나라로서는 이해할 수 없는 사건이다. 하지만 이는 당시 우리나라의 현실적 상황을 보여주는 단면이라 할 수 있다.

그래서 세계 2차 대전 이후 영국이 그랬던 것처럼 1960년대 중반이후 우리나라 또한 수출 증대만이 살길이라고 생각했다. 1973년 1차 오일쇼크는 우리에게는 오히려 아주 좋은 기회가 되었다. 해외 건설촉진법을 통해 약 20개의 건설회사가 정부의 보증을 받고 1977년 중동 건설 공사를 따내서 국제수지 흑자를 이루었기 때문이다. 1978년에는 약 70여개가 넘는 건설회사가 중동 건설에 참여했다. 이 당시 중동에 나가서 일하는 노동자들이 많았음은 물론이고 1986년에서 88년까지 저금리, 저유가, 저달러라는 3저 호황에 우리는 매년 약 10%에 달하는 경제성장률을 달성할 수 있었다.

5.16직후 1961년 7월 우리나라 굴지의 기업인 10여명이 경제재건촉진회(현재 '전국경제인연합회의'의 모태)를 발족했다. 이들은 당시 부정축재혐의로 곤욕을 치른 뒤 전 재산을 국가에 헌납하겠다고 발표했었는데, 경제재건촉진회를 발족하면서 헌납하기로 한 재산은 공장을 지은 후 주식으로 정부에 내는 방안을 건의했다. 나흘 뒤 정부는 경제기획원(EPB)을 창설했다. 당시 경제기획원은 기획, 통계, 예산 기능에 외자 도입권을 가진 부총리급 부처였다. 우리의 60년대 경제개발계획은 경제기획원에서 나왔는데 기업과 함께한 계획이 입안 되면, 당시 다른 부처들 예를 들면 상공부나 재무부에서 기업에 지원을 아끼지 않았다. 지금이라면 재벌에 대한 특혜를 따지겠지만 당시에는 그럴 분위기가 아니었다.

1970년대 북한의 군사적 위협과 미군 철수 등 국제 정세의 변화로 말미암아 당시 정부는 압축 성장과 자주 국방의 방안으로 중화학공업화 전략을 택하게 된다. 중화학공업화라는 것은 기업이 평상시에 수출상품을 만들다가 전시에는 대포나 탱크, 포탄 등 군수용품을 만드는 공장으로 전환할 수 있도록 하는 전략이었다.

여기에는 엄청나게 많은 자금과 기술이 필요했기에 사업자로 뽑히기만 하면 정부의 전폭적인 지원을 받을 수 있었다. 당시 4대 핵심공장 건설 사업자로 선정된 기업들은 재벌로 그중에서도 상위권에 오를 수 있었다. 이때 두 차례 오일쇼크를 맞이하는데 기업들은 '종합상사'카드를 꺼내어 오일달러가 넘쳐나던 중동을 목표로 '돈 되는 것은 무엇이든 만들자'는 전략으로 이겨내었다.

정부와 함께 기업은 중화학공업화와 종합상사의 전성시대를 거치며 국제적 네트워크를 갖추며 덩치가 커졌다.

　　1980년대에 들어서면서 정부와 기업의 관계가 변화하기
시작하는데 12.12쿠데타로 집권한 신군부가
'중화학투자조정'이라는 명분으로 재벌기업의 길들이기를
하려했으나 흐지부지 되어 버렸다. 정부가 기업을 마음대로 할 수
없을 정도로 그 덩치가 커져버렸기 때문이었다. 이에 정부 중심의
개발 독재에서 시장경제로 변하게 되었다.

　　1990년대에 들어서면서 기업(재벌)은 정부의 영향력에서
벗어나 세계시장 공략에 필사적으로 나서게 되었다. 삼성전자가
반도체 세계 1위 기업으로 발돋움하고 있었고, 경제기획원은
재무부와 통합된 재정경제원으로 바뀌면서 사라졌다. 정부주도의
개발경제시대가 막을 내리게 된 것이다.

　　우리 기업의 약진은 서방의 경쟁사들을 자극하게 된다. 1997년
우리가 외환위기를 맞이하자 국제통화기금(IMF)을 앞세워 미국과
일본 기업들은 자국 정부를 통해 우리 국내 재벌기업의
구조조정을 노골적으로 압박해 오기도 했다. 이 때 큰 기업들이
해체되거나 조각나거나 했지만, 이 때 외환위기를 극복한 기업은
그 이전보다 한 단계 더 비약할 수 있었다.

## 노사갈등과 조정 : 인권

자본주의 사회에서 노동자는 자본가에게 자신의 노동력을
제공하고, 그 대가로 임금을 받아 생활한다. 그렇지만 노동자는
노동력을 제공하는 수단이기에 앞서 인간이다. 노동자는
인간으로서 생존을 유지해야 하고 인격을 가진 존재이기 때문에,
임금 수준이나 노동 시간, 노동의 강도 및 노동 조건이나 재해
등과 관련한 사항들이 자기 자신의 생활과 품위를 충분히 유지할
수 있도록 조정되기를 요구하게 된다.

반면 자본가는 기업의 유지와 발전을 위하여 생산원가를
절감함으로써 이윤을 극대화하려고 한다. 그렇기 때문에 될 수
있는 한 노동력을 싸게 구입하고, 노동자의 노동 조건이나
복리증진에는 힘을 기울이지 않으려고 한다. 여기에서 노동자와
자본가 사이에 대립관계가 일어나고 노사문제가 생기게 되는
것이다. 그래서 노사문제는 생산과정에서 발생하는 일상적인
문제 중의 하나라고 볼 수 있다.

자본가가 문제를 해결하려는 노력을 보이지 않으면
노사관계에서 불리한 노동자들은 집단적 대항수단으로
노동조합을 결성하여 노동운동을 하게 되는 것이다.
협동조합이나 공제조합, 정당을 통한 노동운동도 있지만
노동조합이 가장 중추적인 구실을 하고 있으며 자본가 등
고용주도 노동력의 보존을 위해서는 일정 한도 안에서의
노동운동은 인정하고 있다.

그리고 산업구조와 노동시장구조의 변화에 따른 노동운동의
주체적 조건의 변화를 살펴볼 필요가 있는데, 제조업 및 생산직
노동자의 비중이 감소된 반면 화이트칼라, 공공 부문을 포함한
서비스직 노동자가 늘어남에 따라 생산직 중심의 전통적
노동운동방식은 침체될 수밖에 없고 생산직 노동자들도
생활수준 향상에 따라 그들의 의식이 변화하고 있다.

또한 서비스직 노동자들의 증가와 그들의 조직화는 복잡하고
다양한 요구 내용을 제시하게 되었다. 이에 따라 그들의

노동운동은 당연히 종전보다 전문성, 유연성을 보여주어야 하고
그만큼 질적으로 성숙되어 있어야 한다.

또한 이들의 요구 내용에는 단순한 임금 인상 요구뿐만 아니라
권리 분쟁과 관련된 요구가 많아지고 있다. 그리고 쟁의가
종전보다는 적법절차에 따른 합법성을 유지하면서 이루어지고
있다. 말하자면 노동자의 생존과 관련된 요구 사항보다는 좀 더
인간답게 삶을 꾸려 나갈 수 있는 환경 조성의 방향으로
노동운동이 나아가고 있다.

따라서 현대 사회의 노무관계는 일반적인 노동 관련 문제뿐만
아니라 인간다운 삶을 추구하는 문제까지 포괄하고 있다고 봐야
한다.

전통적 노사관계가 대립을 기본적 구조로 가지고 있었다면
노무관계는 이와는 다르게 노동자의 인권을 중심으로 노사 간의
합의 조정을 기조로 하고 있다는 점에서 진화한 노사관계이며
통합적 사회경제 발전을 이룩할 미래지향적인 협력 관계라고
본다.

앞으로의 산업경제는 대립에서 발전의 동력을 찾을 수는 없다.

자본가의 이익이 노동자의 희생 위에서 이루어지던 시대는
지났다. 이제는 노사가 협력하여 공동으로 이익을 창출해나가야
할 시점에 와 있으며 화해가 노무 관련 문제를 해결하는 중심
가치가 될 것이다.

그래서 근로자는 근로자대로 사업주는 사업주대로 서로 함께
보다 나은 내일의 삶을 위하여 노력하는 자세를 가져야 하며
그러한 정신으로 노무관계를 정립해나가야 진정한 선진사회가
될 수 있다.

이에 국가에서는 국민 개개인이 스스로 직업능력을 개발하여
더 많은 취업기회를 가질 수 있도록 하는 한편, 근로자의
고용안정, 기업의 일자리 창출과 원활한 인력 확보를 지원하고
노동시장의 효율성과 인력수급의 균형을 도모함으로써 국민의
삶의 질 향상과 지속가능한 경제성장 및 고용을 통하여
사회통합을 이룩하기 위하여 이러한 정신을 법률로 명문화 해
놓았다.

현대사회는 근로자 따로 사업주 따로 생각하고 활동하는
대립의 사회가 아니다. 특히 첨단기술사회가 되면서 노사의
협력은 어느 때보다도 중요해졌으며 나만의 발전이 아닌 공동의
발전을 통한 삶의 질을 향상 시켜야 하는 시대적 요구를 노사가
모두 겸허한 자세로 받아들여야 한다.

이에 노무사의 역할이 더욱 의미를 가질 것이고 인간의
인간다운 삶을 향한 공동의 통합적 노력의 지혜로운 조정자가 될
것이다.

직업안정을 위하여 정부가 해야하는 일

1. 노동력의 수요와 공급을 적절히 조절하는 업무

2. 구인자, 구직자에게 국내외의 직업을 소개하는 업무

3. 구직자에 대한 직업지도 업무

4. 고용정보를 수집 · 정리 또는 제공하는 업무

5. 구직자에 대한 직업훈련 또는 재취업을 지원하는 업무

6. 직업소개사업, 직업정보 제공사업, 근로자 모집 또는 근로자 공급사
업의 지도 · 감독에 관한 업무

7. 노동시장에서 취업이 특히 곤란한 사람에 대한 고용을 촉진하는 업무

8. 직업안정기관, 지방자치단체 및 민간 고용서비스 제공기관과의 업무
연계 · 협력과 고용서비스 시장의 육성에 관한 업무

---

근로자 및 사업주 등의 책임과 의무

■ 근로자는 자신의 적성과 능력에 맞는 직업을 선택하여 직업생활을 하
는 기간 동안 끊임없이 직업에 필요한 능력을 개발하고, 직업을 통하여
자기발전을 도모하도록 노력하여야 한다.

■ 사업주는 사업에 필요한 인력을 스스로 양성하고, 자기가 고용하는
근로자의 직업능력을 개발하기 위하여 노력하며, 근로자가 그 능력을 최
대한 발휘하면서 일할 수 있도록 고용관리의 개선, 근로자의 고용안정
촉진 및 고용평등의 증진 등을 위하여 노력하여야 한다.

■ 노동조합과 사업주단체는 근로자의 직업능력개발을 위한 노력과 사
업주의 근로자 직업능력개발, 고용관리 개선, 근로자의 고용안정 촉진
및 고용평등의 증진 등을 위한 노력에 적극 협조하여야 한다.

■ 근로자와 사업주, 노동조합과 사업주단체는 제6조에 따른 국가와 지
방자치단체의 시책이 원활하게 시행될 수 있도록 적극 협조하여야 한다.

■ 「고용보험법」에 따른 실업급여 수급자, 「국민기초생활 보장법」에 따
른 근로능력이 있는 수급자, 그 밖에 정부에서 지원하는 취업지원 사업
에 참여하는 사람 등은 스스로 취업하기 위하여 적극적으로 노력하여야
하며, 국가와 지방자치단체가 하는 직업소개, 직업지도, 직업능력개발
훈련 등에 성실히 따르고 적극 참여하여야 한다.

# Part Three

# Who & What

## 노무·노동 관련 법률 전문가

통상 노무사라고 불리는 공인노무사는 쉽게 말하면 공인노무사 자격증을 가지고 노동과 관련하여 발생하는 여러 가지 문제를 해결하고 대행해주는 전문가라고 생각하면 된다.

그러나 노무사가 담당하는 노동 관련 업무는 매우 복잡하고, 특히 실무적인 부분에 있어서는 일반인들이 이해하기가 어려운 부분이 많다. 그래서 첨단산업사회에서 일어나는 노사 간의 다양한 문제를 해결하고 조정해야 하는 노무사는 단지 노동 관련 법규 지식만을 가지고 일할 수 없으며 법률 지식과 더불어 현장 실무에 관한 경험 내지는 업무 능력이 함께 요구되는 전문 직업인이라고 할 수 있다.

변호사처럼 노무사는 '공인노무사법'에 의해 국가 인정하는 전문자격인으로서 노동과 관련된 법률 분쟁 조정 및 노무 관리에 관한 서비스를 제공한다.

1986년 처음으로 도입된 공인노무사 제도는 산업현장에서 기업의 노무관리의 효율성과 자율성을 높이고 동시에 근로자의 권익을 보호 하기 위한 목적을 가지고 있으며, 한국고용정보원이 선정한 미래 주요 유망 직종 중의 하나이다.

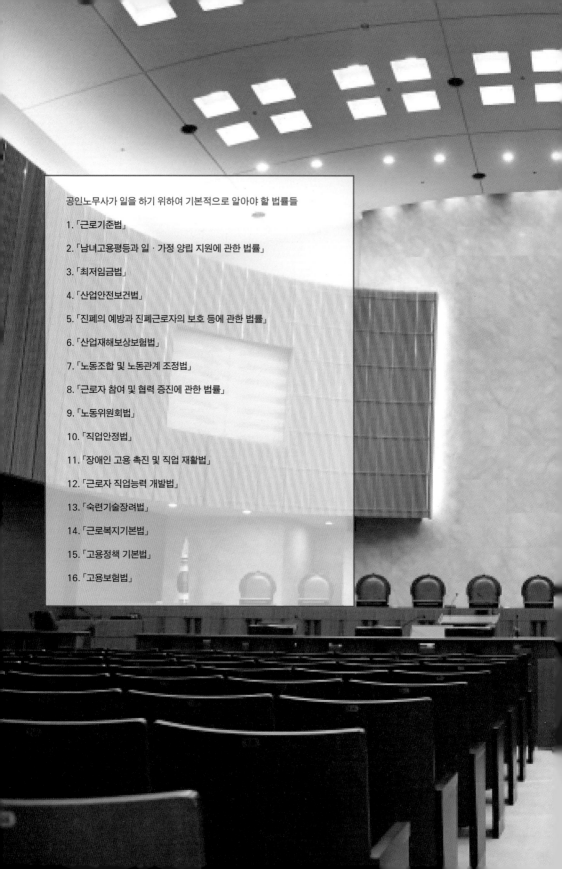

공인노무사가 일을 하기 위하여 기본적으로 알아야 할 법률들

1. 「근로기준법」

2. 「남녀고용평등과 일 · 가정 양립 지원에 관한 법률」

3. 「최저임금법」

4. 「산업안전보건법」

5. 「진폐의 예방과 진폐근로자의 보호 등에 관한 법률」

6. 「산업재해보상보험법」

7. 「노동조합 및 노동관계 조정법」

8. 「근로자 참여 및 협력 증진에 관한 법률」

9. 「노동위원회법」

10. 「직업안정법」

11. 「장애인 고용 촉진 및 직업 재활법」

12. 「근로자 직업능력 개발법」

13. 「숙련기술장려법」

14. 「근로복지기본법」

15. 「고용정책 기본법」

16. 「고용보험법」

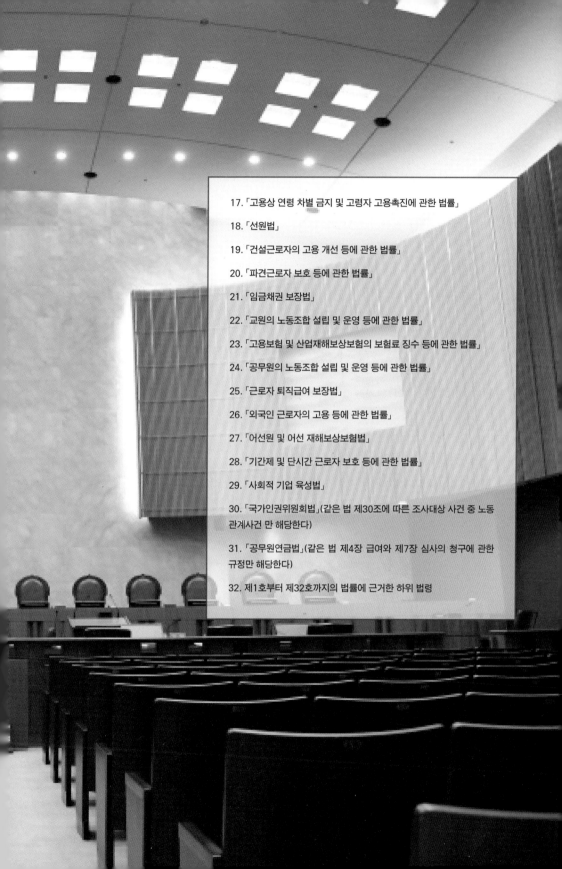

17. 「고용상 연령 차별 금지 및 고령자 고용촉진에 관한 법률」

18. 「선원법」

19. 「건설근로자의 고용 개선 등에 관한 법률」

20. 「파견근로자 보호 등에 관한 법률」

21. 「임금채권 보장법」

22. 「교원의 노동조합 설립 및 운영 등에 관한 법률」

23. 「고용보험 및 산업재해보상보험의 보험료 징수 등에 관한 법률」

24. 「공무원의 노동조합 설립 및 운영 등에 관한 법률」

25. 「근로자 퇴직급여 보장법」

26. 「외국인 근로자의 고용 등에 관한 법률」

27. 「어선원 및 어선 재해보상보험법」

28. 「기간제 및 단시간 근로자 보호 등에 관한 법률」

29. 「사회적 기업 육성법」

30. 「국가인권위원회법」(같은 법 제30조에 따른 조사대상 사건 중 노동 관계사건 만 해당한다)

31. 「공무원연금법」(같은 법 제4장 급여와 제7장 심사의 청구에 관한 규정만 해당한다)

32. 제1호부터 제32호까지의 법률에 근거한 하위 법령

## 현대 법치주의 정신의 선봉장

　오늘날 법치주의는 법에 따라 통치하는 소극적이고 형식적인
관점에서 벗어나 사람의 사람다움을 실현하려는 적극적
관점에서 만들어진 법을 사회에서 구현한다는 의미로
받아들여야 한다. 그래서 노동자를 단순히 생산과정에서
노동력을 제공하는 대가로 임금을 받는 노동 수단의 일종으로
고려하지 않고 더불어 함께 살아가는 인간으로서 생각해야
한다는 것이다.

　따라서 투자에 대비한 이윤의 창출과 분배가 아니고
인간으로서의 삶을 살아가는 환경 조성을 기준으로 산업체를
운영해 나가자는 것이다. 아무리 생산과정에 있어서 자본의
역할이 지대하다고 할지라도, 자동화 과정에서 인간의 노동이
아무리 단순해 졌다고 하더라도 노동자를 더 이상 생산의
기여도에 따라 평가해서는 안 된다는 생각이다.

　노동자는 인간이고 인간은 노동의 주체이며 노동력을
제공하는 원천이기에 그들의 가치는 생산성 기여도를 넘어선
초가치적인 면이 있는 것이다.

　따라서 노동자가 사회적으로 존중되며, 사용자와 균형 있는
권리와 책임을 나눌 수 있는 사회가 될 때 우리는 현대적 의미에
있어서의 법치주의가 실현되는 것이라고 생각한다.

　이러한 시대적 요구에 따라 노무사는 노동관계 법령 및
인사노무관리 분야에 대한 전문적인 지식과 경험을 바탕으로
기업의 인사노무관리의 합리적 개선을 도모하고, 경영자 측과
근로자 간에 분쟁이 일어나지 않도록 예방하고 공정한 조정을
수행함으로써 노사 양자 모두에게 유리한 노동환경을 조성하는
것을 업무의 대상으로 삼고 있다.

　오늘날 노무사는 불법 노동행위나 불법 해고 등과 같이 관련
법령에 저촉되는 단순 노무사건을 넘어, 노동자의 인권을
침해하는 행위가 없는지, 노동이 노동자의 일상생활에 지장을
초래하고 있지는 않은지, 노동자의 복지 환경이 제대로 조성되고

있는 지 등등 노동자의 인간적 삶의 측면에서 노동 현장을 살펴
노동자의 권익을 보호하고 실천해 나가고 있는데, 이는 바로 현대
법치주의 정신에서 비롯된 것이라 할 수 있다.

일반 사법기관들이 소극적이고 전통적인 의미에서 법치주의를
실천하고 있다면 노무사는 적극적이고 현대적인 의미에서의
법치주의 정신을 사회 현장에서 실천하고 있다고 할 수 있다.
누군가로부터 권리 침해를 보호하고 예방할 목적으로 시행된
법치주의에서 개인의 꿈과 의지를 실천하고 인간다운 삶을
구현하는 수단으로서의 법치주의로 발전해나가는 최전선에
노무사들이 일하고 있는 것이다.

그래서 노무사는 노동관계에 관해 한편으로 현행 법규를
해석하고 적용하는 법률전문가이지만 또 한편으로는 현대
사회의 발전과 삶의 질을 향상시키는 틀을 만들어가는
이론가적인 면을 동시에 가지고 있는 전문직종이다.

이러한 직업의 특성으로 인하여 노무사는 앞으로 더욱 인기가
있는 직업으로 성장할 것이며 보다 전문적인 업무를 수행할
것이고 동시에 노무사 자격을 얻기 위한 노력이 한층 더 필요할
것이다.

하지만 아직 제도가 시행된 지 얼마 되지 않아 개념적 측면이나
이론적 측면에서, 나아가 조정하고 집행하는 실천 방법에 있어서
보다 합리적이고 세련된 정비가 필요한 것 또한 부정할 수 없다.

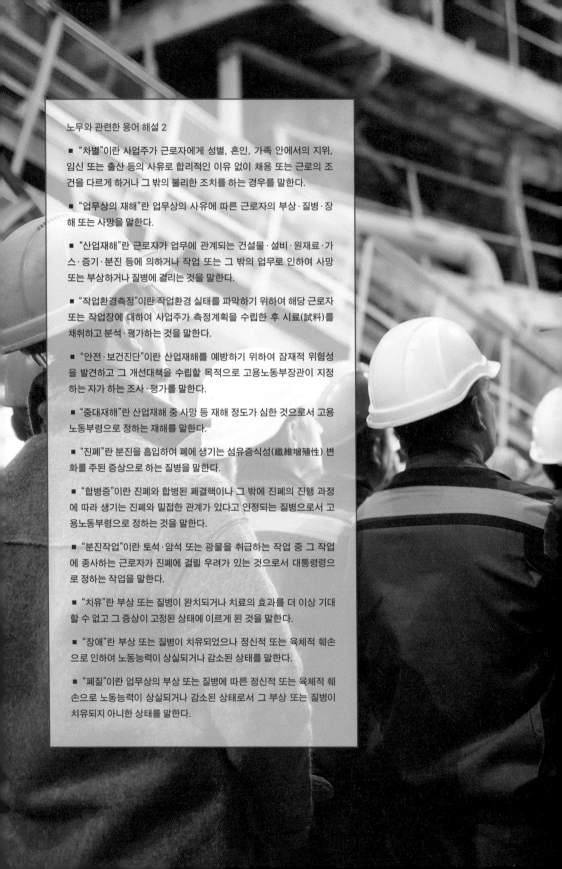

노무와 관련한 용어 해설 2

- "차별"이란 사업주가 근로자에게 성별, 혼인, 가족 안에서의 지위, 임신 또는 출산 등의 사유로 합리적인 이유 없이 채용 또는 근로의 조건을 다르게 하거나 그 밖의 불리한 조치를 하는 경우를 말한다.

- "업무상의 재해"란 업무상의 사유에 따른 근로자의 부상·질병·장해 또는 사망을 말한다.

- "산업재해"란 근로자가 업무에 관계되는 건설물·설비·원재료·가스·증기·분진 등에 의하거나 작업 또는 그 밖의 업무로 인하여 사망 또는 부상하거나 질병에 걸리는 것을 말한다.

- "작업환경측정"이란 작업환경 실태를 파악하기 위하여 해당 근로자 또는 작업장에 대하여 사업주가 측정계획을 수립한 후 시료(試料)를 채취하고 분석·평가하는 것을 말한다.

- "안전·보건진단"이란 산업재해를 예방하기 위하여 잠재적 위험성을 발견하고 그 개선대책을 수립할 목적으로 고용노동부장관이 지정하는 자가 하는 조사·평가를 말한다.

- "중대재해"란 산업재해 중 사망 등 재해 정도가 심한 것으로서 고용노동부령으로 정하는 재해를 말한다.

- "진폐"란 분진을 흡입하여 폐에 생기는 섬유증식성(纖維增殖性) 변화를 주된 증상으로 하는 질병을 말한다.

- "합병증"이란 진폐와 합병된 폐결핵이나 그 밖에 진폐의 진행 과정에 따라 생기는 진폐와 밀접한 관계가 있다고 인정되는 질병으로서 고용노동부령으로 정하는 것을 말한다.

- "분진작업"이란 토석·암석 또는 광물을 취급하는 작업 중 그 작업에 종사하는 근로자가 진폐에 걸릴 우려가 있는 것으로서 대통령령으로 정하는 작업을 말한다.

- "치유"란 부상 또는 질병이 완치되거나 치료의 효과를 더 이상 기대할 수 없고 그 증상이 고정된 상태에 이르게 된 것을 말한다.

- "장애"란 부상 또는 질병이 치유되었으나 정신적 또는 육체적 훼손으로 인하여 노동능력이 상실되거나 감소된 상태를 말한다.

- "폐질"이란 업무상의 부상 또는 질병에 따른 정신적 또는 육체적 훼손으로 노동능력이 상실되거나 감소된 상태로서 그 부상 또는 질병이 치유되지 아니한 상태를 말한다.

## 노동법이란?

노동법이란 형법이나 민법처럼 특정한 법규를 지칭하는 말이
아니다. 즉, 노동법이란 법은 없다. 우리가 편의상 사용하고 있는
노동법이라는 용어는 노동과 관련하여 근로자의 권익보호와
고용주와의 관계 및 근로조건 등을 규제하는 법으로 사회적,
경제적 약자인 노동자의 인간다운 생활과 생존권을 보장하려는
목적으로 만들어진 모든 법령을 일컫는 말로서 노동법령 또는
노동법규라고 하는 것이 보다 정확한 말일 것이다. 간단히 말하면
노동법이라는 것은 노동에 관계되는 모든 법령을 통틀어서
지칭하는 말이라 할 수 있다. 그러니 노동법은 1개가 아니다.

이러한 노동법의 종류에는 앞에서 말한 '노무사가 알아야 하는
기본적인 법'에서 이야기한 법령들이 있다.

그런데 우리가 알아야 하는 것은 노동법은 민법이나 형법처럼
모든 국민에게 일반적으로 적용되는 법이 아니고 노동관계에
관하여 법이 정한 특정 대상자들에게만 적용되는 특별법이라는
것이다. 그래서 사람들의 일상생활과 관련한 법은 아니다.

그런데 특별법인 노동법도 노동관계에 있는 모든
노동자들에게 적용되는 법이 있는가 하면 일정한 조건을 갖춘
상황에서 일하는 노동자에게만 적용되는 법이 있다. 예를 들면
고용보험법이나 산업안전보건법 같은 것은 모든 사업체에게
적용되지만 근로기준법(몇 개 조항은 예외)이나 근로자 참여 및
협력 증진에 관한 법률 같은 것은 일정 규모 이상의 사업체에만
적용된다.

따라서 모든 노동법이 모든 노동자에게 적용되는 것이 아니고
노동 상황에 따라서 법령의 적용이 달라 질 수 있다는 것을
알아야 한다.

# 노무사가 하는 일과 보수

노동관계 = 근로계약관계 + 노사관계

## 노동관계와 노무사의 역할

우리나라 노동자는 약 2천만 명이 넘는다. 이러한 노동자와
회사 사이에 맺는 계약관계를 근로계약이라고 한다. 임금,
퇴직금, 해고, 각종 수당, 근로시간, 휴가, 산재 등 회사와 노동자
사이에 생기는 모든 사항이 근로계약이라는 법률적 관계로부터
발생하는 것이다.

옛날에 산업이 그렇게 발달하지 않았을 때에는 이러한
근로계약이 곧 법이었다. 당사자 간의 계약이 우선하기 때문에
아무리 불리한 노동조건으로 계약을 했다하더라도 계약을
했으면 그로서 끝이다. 그 계약대로 일해야 하는 것이다. 그래서
옛날에 노동자들이 일하는 노동조건은 이러한 계약으로
정하였다. 그러다보니 힘이 약한 노동자가 상대적으로 불리한

계약을 체결하게 되고 아무리 억울해도 계약을 한 이상 어떻게 할 도리가 없었다. 모든 것은 계약대로 할 뿐이기 때문이다.

그러나 힘이 약한 노동자들이 개별적으로 회사와 상대하다보니 노동자들에게 불리한 근로계약을 체결하는 것이 다반사였다. 이에 노동자들의 권익을 보호해주기 위하여 법률상 개선이 이루어진다. 이 개선은 두 가지 방향에서 생각해 볼 수 있는데 하나는 법률로 노동자의 권리를 보호하는 것이고 또 하나는 노동자들이 단체를 결성하여 자신들의 권익을 직접 보호하도록 하는 것이다.

앞의 것이 노무 관련법의 제정으로 나타났고 뒤의 것은 노동자들이 직접 그 권리를 보호하도록 허용한 것으로 노동조합 등과 같은 형태로 제도화 되었다.

오늘날 노동조합을 만들고 이에 가입하여 활동하는 것은 헌법상 노동자의 권리로서 노사관계에 있어서 노동조합은 근로자를 대변하기도 한다. 그래서 일반적으로 우리는 노동조합과 회사와의 관계를 노사관계로 보기도 한다.

이러한 노사관계를 통하여 근로자는 자신들의 힘을 보다 강력하게 행사할 수 있게 된다. 즉 단체교섭, 단체협약, 쟁의행위 등을 통하여 근로자 자신들의 권익을 보호한다. 그런데 간혹 이러한 권익에 대한 지나친 요구가 노사 간에 발생하게 되면 파업이나 해고 등과 같은 실력 행사가 이루어져 노동 현장이 마비되는 경우도 있다.

이처럼 노동관계는 근로계약관계와 노사관계를 통틀어 말하는데 법률에 정한 근로조건을 위배함으로써 생기는 문제나, 상호 이해에 관한 노사관계의 충돌이 발생했을 때 일어나는 법률 분쟁 및 사건에 있어서 조정 또는 대리 업무를 수행하는 것이 바로 노무사가 해야 할 일이다.

노동관계에서 노무사가 하는 직무의 범위를 보면 다음과 같다.

■ 노동관계 법령에 따라 관계 기관에 대하여 행하는
  신고·신청·보고·진술·청구 및 권리 구제 등의 대행 또는 대리

■ 노동관계 법령에 따른 모든 서류의 작성과 확인

■ 노동관계 법령과 노무관리에 관한 상담·지도

■「근로기준법」을 적용받는 사업이나 사업장에 대한
  노무관리진단

■「노동조합 및 노동관계조정법」제52조에서 정한 사적(私的)
  조정이나 중재

※ "노무관리진단"이란 사업 또는 사업장의 노사(勞使) 당사자 한쪽 또는
양쪽의 의뢰를 받아 그 사업 또는 사업장의 인사 · 노무관리 · 노사관계
등에 관한 사항을 분석 · 진단하고 그 결과에 대하여 합리적인 개선 방안을
제시하는 일련의 행위를 말한다.

노무와 관련한 용어 해설 3

- "노동조합"이라 함은 근로자가 주체가 되어 자주적으로 단결하여 근로조건의 유지·개선 기타 근로자의 경제적·사회적 지위의 향상을 도모함을 목적으로 조직하는 단체 또는 그 연합단체를 말한다.

- "노사협의회"란 근로자와 사용자가 참여와 협력을 통하여 근로자의 복지증진과 기업의 건전한 발전을 도모하기 위하여 구성하는 협의기구를 말한다.

- "노동쟁의"라 함은 노동조합과 사용자 또는 사용자단체 간에 임금·근로시간·복지·해고 기타 대우 등 근로조건의 결정에 관한 주장의 불일치로 인하여 발생한 분쟁상태를 말한다. 이 경우 주장의 불일치라 함은 당사자 간에 합의를 위한 노력을 계속하여도 더 이상 자주적 교섭에 의한 합의의 여지가 없는 경우를 말한다.

- "쟁의행위"라 함은 파업·태업·직장폐쇄 기타 노동관계 당사자가 그 주장을 관철할 목적으로 행하는 행위와 이에 대항하는 행위로서 업무의 정상적인 운영을 저해하는 행위를 말한다.

- "우리사주조합"이란 주식회사의 소속 근로자가 그 주식회사의 주식을 취득·관리하기 위하여 이 법에서 정하는 요건을 갖추어 설립한 단체를 말한다.

- "우리사주"란 주식회사의 소속 근로자 등이 그 주식회사에 설립된 우리사주조합을 통하여 취득하는 그 주식회사의 주식을 말한다.

- "고용서비스"란 구인자 또는 구직자에 대한 고용정보의 제공, 직업소개, 직업지도 또는 직업능력개발 등 고용을 지원하는 서비스를 말한다.

- "숙련기술"이란 산업 현장에서 업무를 잘 수행하는 데에 필요한 기술로서 해당 업무에 관한 지속적인 경험과 학습을 통하여 얻어지는 기술을 말한다.

- "이직(離職)"이란 피보험자와 사업주 사이의 고용관계가 끝나게 되는 것을 말한다.

- "실업"이란 근로의 의사와 능력이 있음에도 불구하고 취업하지 못한 상태에 있는 것을 말한다.

- "일용근로자"란 1개월 미만 동안 고용되는 자를 말한다.

- "근로자파견"이라 함은 파견사업주가 근로자를 고용한 후 그 고용관계를 유지하면서 근로자파견계약의 내용에 따라 사용사업주의 지휘·명령을 받아 사용사업주를 위한 근로에 종사하게 하는 것을 말한다.

## 노무사가 하는 일

앞에서 살펴본 바와 같이 노무사는 노동관계에 관한 일들을
처리하는 전문직업인이다. 그러면 이들은 구체적으로 어떤
일들을 하는지 좀 더 자세히 알아보자.

일반적으로 노무사가 하는 일들은 생각에 따라 여러 가지
방식으로 이야기할 수 있는데 크게 노무와 관련된 일을
대리하거나 대행하는 업무, 노사분쟁 조정 또는 중재 업무, 진단
및 컨설팅 업무 등으로 나누어 볼 수 있다.


### 〈대리 또는 대행 업무〉

모든 근로계약관계 및 노사관계에 있어서 발생하는 다양한
문제들에 대한 각종 대리·대행업무를 하고 있다.

이때 노무사는 사용자 즉 회사 측의 의뢰를 받아 일할 수도
있고 노동자나 노동조합의 의뢰를 받아 일을 할 수도 있다.
그래서 노무사는 항상 노동자의 권익만을 옹호하는
직업인이라고 생각해서는 안 된다. 누구의 편을 드는 사람이
아니고 노동 정의를 가치 기준으로 삼고 산업 현장에서 일어나는
문제나 노사관계를 조정 해결한다. 따라서 노무사라고 하면
노동운동과 연관 지어 노동자 편에서 일하는 직업인으로
바라봐서는 안 될 것이다.

노무사는 의뢰인의 요청에 따라 다음과 같은 일들을 한다.

■ 「노동조합 및 노동관계조정법」·「근로기준법」·「근로자참여
및 협력증진에 관한 법률」·「교원의 노동조합설립 및 운영
등에 관한 법률」·「공무원의 노동조합설립 및 운영 등에 관한
법률」·「기간제 및 단시간근로자 보호 등에 관한 법률」 및
「파견근로자보호 등에 관한 법률」에 따른 판정·결정·의결·
승인·인정 또는 차별시정 등에 관한 업무에 있어서
사회취약계층을 대리하여 권리를 구제

- 부당 해고를 당한 근로자의 위임을 받아 노동위원회에 구제 신청을 대행하고 근로자를 대리하여 사건을 해결

- 위임을 받아 비정규직 근로자의 차별시정과 관련한 분쟁 사건을 대리하여 해결

- 업무상 재해로 인정되지 않은 사건에 대하여 근로자의 위임을 받아 심사청구, 재심사청구 등을 대리

- 근로자의 요양, 휴업, 장해, 유족급여에 대한 신청 및 이의신청 대리

- 산업재해와 관련한 신청 대리

- 임금 체불의 경우에 근로자의 위임을 받아 체불된 임금을 지급받는 업무 대행

---

**산업재해의 발생 원인과 기업 규모별 현황**

산업재해는 유해물질 노출, 작업장 환경과 작업과정, 작업조직, 근무 환경 등 여러 가지 원인에 의해 발생한다. 특히 안전 및 보건관리 기반을 갖추지 못한 중·소규모 사업장이 여전히 많고, 일용직, 임시직, 파견직 등 작업환경에 익숙하지 못한 근로자들의 안전사고가 많은 것으로 나타나고 있다.

기업 규모 별 산재 발생률은 고용노동부 산업재해현황분석 자료에 의하면 5인 미만 사업장이 전체 재해에서 차지하는 비중이 25.26%, 5~9인 사업장이 10.60%, 10~29인 사업장은 17.98%, 30~49인 사업장이 7.50%로 조사되어 50인 미만 사업장에서 발생하는 산업재해가 전체 산업재해의 82.41%를 차지한 것으로 나타났다.

■ 체당금 신청 대리

■ 공무원의 공무와 관련한 재해 사건 발생의 경우 산재 신청
 대리

■ 부당해고, 부당노동행위 및 근로계약조건 위반 등에 대한
 조사 신청 대행 및 이로 인해 발생한 손해에 대해
 손해배상청구 등 일체의 심판 청구 대리 및 대행

■ 아웃소싱 업무(단순사무 대행) : 급여규정 정비, 급여대장
 작성 및 급여 계산, 개인별 명세표 작성, 공제사항 관리,
 퇴직정산, 4대 보험 피보험자격 취득 및 상실 신고,
 임금채권보장에 관한 사무, 연체금·가산금·
 급여부정이득징수금의 납부, 노동관서 및 근로복지공단에
 신고 또는 보고하여야 할 각종 법률사무 대행, 고용 및
 산재보험의 업무를 위탁받아 처리

체당금과 공인노무사의 지원

체당금제도는 기업이 파산하여 폐업하게 될 경우 임금 및 퇴직금을 받을 수 없게 된 근로자를 위해 체불된 임금 중 최종 3개월분 및 최종 3년간의 미지급된 퇴직금의 일부를 일정 한도 내에서 국가가 사업주를 대신하여 지급하여 주는 제도. 단, 체당금을 지급 받기 위해서는 일정한 요건을 갖추어야 함.

사업장 규모 등 고용노동부령으로 정하는 기준에 해당하는 근로자가 체당금을 청구하는 경우 고용노동부령으로 정하는 공인노무사로부터 체당금 청구서 작성, 사실 확인 등에 관한 지원을 받을 수 있음.

부당노동행위란?

근로자 또는 근로자 단체가 헌법이 보장하는 노동3권을 자주적으로 행사하지 못하도록 방해하는 행위를 의미하는데 사용자가 이러한 행위를 하여 피해를 입었을 때에는 부당노동행위구제제도를 이용하여 근로자 자신의 권리를 원상회복시킬 수가 있다.

▲ 노무 법률 상담중인 노무사의 모습

---

임금 지급의 원칙

■ 현금 지급 원칙 : 수표나 현물 등으로 지급해서는 안되고 현행 통화로 지급해야함.

■ 직접 지급 원칙 : 근로자에게 직접 지급해야 하며 제3자에게 지급할 수 없음. 단 근로자의 요구에 의해 근로자 계좌로 입금하는 것은 가능.

■ 전액 지급 원칙 : 월급여 전액을 지급해야 하며 대출금이나 배상금을 제하고 지급해서는 안됨. 단, 법령에 의하여 소득세, 주민세, 국민연금, 국민건강보험료 등의 공제는 가능하며 법령이 정하는 바에 따른 일정 범위 내에서 공제가 가능한 경우도 있음.

■ 정기 지급 원칙 : 임금은 정기적으로 지급해야함. 단, 수당의 경우는 부정기적으로 지급할 수도 있음.

〈노사분쟁 조정 또는 중재업무〉

　노무사는 노동관계로 인해 노사 간에 분쟁이 발생하였을
경우에 이를 조정 중재하여 기업의 생산성을 높이고 근로자의
복지 향상에 기여한다.

■ 노사 간 분쟁 발생 시 공인노무사에게 분쟁에 관한 조정 및
　중재를 맡김으로써 분쟁을 신속하고 유연하게 해결할 수
　있는데 이를 사적조정이라 한다. 이때 조정 또는 중재된 내용은
　단체협약과 같은 효력을 가진다.
　사적조정으로 노동쟁의가 해결되었을 때에는 이를
　노동위원회에 신고하여야 한다.

■ 공인노무사는 평소 사업주나 노동조합의 의뢰로 노사분쟁의
　예방과 해결을 위해 노동관계에 관한 문제점에 대해 상담과
　자문을 통하여 원만한 해결책을 제시한다.

■ 노동부가 관장하는 노동관계법상의 진정 및 고소 등 형사사건
　대리 및 범죄수사에 있어서의 조력하고 필요할 경우 진술을 할
　수 있다.

■ 단체교섭 및 단체협약을 중재: 단체교섭을 진행하기 위해서는
　노사관계에 대한 다양한 정보와 지식이 필요한데 노무사가
　노사 양측의 일방으로부터 단체교섭권을 위임받아 협상안을
　마련하고 협상전략을 수립하여 단체교섭을 진행함으로써
　합리적인 단체협약을 체결한다.

---

조정과 중재의 차이

■ 조정 : 노동쟁의를 벌이
고 있는 노조 또는 사용자의
신청에 따라 노동위원회가
상황을 조사하여 적절한 해
결 방안을 만들어 이를 받아
들이도록 권고하는 행위

■ 중재 : 노동쟁의 당사자
쌍방의 신청 또는 단체협약
에 의한 어느 한쪽의 신청
에 의해 이루어지는 것으로
노동위원회의가 해결안을
만들면 당사자들의 수락 동
의 여부와 상관없이 단체협
약과 같은 효력을 갖는다.

---

사적조정이란?

■ 조정 : 당사자가 아닌
제3자가 개입하여 분쟁 해
결에 도움을 주는 과정

■ 조정의 종류

- 공적조정 : 노동위원회
에 의한 강제 조정

- 사적조정 : 노동관계 당
사자 쌍방의 합의 또는 단
체협약에 따라 노동 위원회
를 통하지 아니한 조정

■ 조정의 효과 : 양자 모
두 동일

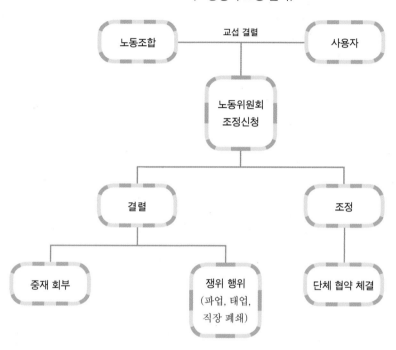

〈노동쟁의 조정 절차〉

노동조합 ── 교섭 결렬 ── 사용자

노동위원회
조정신청

결렬

조정

중재 회부

쟁위 행위
(파업, 태업,
직장 폐쇄)

단체 협약 체결

노동쟁의 종류

노동쟁의는 내용에 따라 경제적 이익에 관한 다툼과 법적 권리에 관한
다툼으로 나눌 수 있다.

■ 경제적 이익에 관한 다툼 : 임금 인상과 같은 노사 간의 이해관계로
인한 분쟁인데 노사문제 당사자 간 자치주의 원칙에 따라 당사자 간 타
협을 통해 해결한다.

■ 법적 권리에 관한 다툼 : 법률, 취업규칙 또는 단체협약과 같은 법률
상의 노동자 권리가 사용자에 의해 침해 당했다고 해석함으로써 생기는
문제로 노동위원회나 법원을 통한 해결이 요구될 때가 많다.

노동쟁의 해결의 책무

■ 당사자의 책무 : 노동관계 당사자는 단체협약에 노동관계의 적정화를 위한 노사협의 기타 단체교섭의 절차와 방식을 규정하고 노동쟁의가 발생한 때에는 이를 자주적으로 해결하도록 노력하여야 한다.

■ 국가 등의 책무 : 국가 및 지방자치단체는 노동관계 당사자 간에 노동관계에 관한 주장이 일치하지 아니할 경우에 노동관계 당사자가 이를 자주적으로 조정할 수 있도록 조력함으로써 쟁의행위를 가능한 한 예방하고 노동쟁의의 신속·공정한 해결에 노력하여야 한다.

노동위원회의 구성과 역할

■ 구성

 - 근로자 위원 : 근로자를 대표하는 위원

 - 사용자 위원 : 사용자를 대표하는 위원

 - 공익 위원 : 공익을 대표하는 위원

■ 역할

 - 노동쟁의 조정 중재 : 조정, 중재, 긴급조정

 - 부당 노동행위 등의 심판

※ 긴급조정 : 노동쟁의가 국가경제나 공익에 중대한 손실을 끼칠 수 있다고 생각될 경우 중앙노동위원회 위원장의 의견을 들어 고용노동부장관이 결정한다. 긴급조정이 결정되면 중앙노동위원회는 30일 안에 조정이나 중재를 하여 문제를 해결해야 하고 그 동안 쟁의행위를 할 수 없다.

## 〈진단 및 컨설팅 업무〉

　노무사는 사업 또는 사업장의 노사 당사자 한쪽 또는 양쪽의
의뢰를 받아 그 사업 또는 사업장의 인사·노무관리·노사관계
등에 관한 사항을 분석·진단하고 그 결과에 대하여 합리적인
개선 방안을 컨설팅 하는 등의 일을 한다.

- 노사관계의 안정을 위하여 노사관계 및 단체교섭과
  단체행동에 관한 사항을 지도하며, 노사분쟁시 기업 및
  노동조합이 신속한 대응을 하여 기업안정화에 기여할 수
  있도록 한다.

- 인사제도를 전략적으로 운영하도록 안내하며, 조직 및
  인사제도에 대한 진단을 통하여 인사제도 개선에 관한
  컨설팅을 한다. 즉 인적자원의 제반 영역(직무, 채용, 경력개발,
  성과관리, 보상 등)에 대한 운영 현황 및 주요 이슈 및 문제점을
  파악하고, 이에 대한 합리적이고 효과적인 개선방안을
  제시함으로써, 기업의 비전 및 전략을 달성할 수 있는
  합리적이고 효과적인 인적자원 관리방안에 대해
  컨설팅한다.

- 실적이 저조한 사람들의 성과 향상 및 개인역량 개발을 위해
  합리적으로 관리 프로그램을 기획하고 컨설팅한다.

- 효과적인 인사관리를 위하여 직무관리체계를 구축하고 각
  직무별로 핵심업무에 대한 직무기술서를 작성한다.

- 지속적인 기업의 발전을 위하여 노사관계 환경 진단, 의식
  진단, 제도 진단, 노사관계 진단 등을 통하여 노무관리
  역량을 분석하고 개선 방향을 제시함으로써 제도를

개선하고 노사분쟁을 미리 예방한다.

■ 조직 및 개인의 성과를 체계적으로 관리하여 생산성 향상을
위한 제도를 구축한다.

■ 기업 및 노동조합이 인사, 노무관리를 통해 생산성 향상과
직원의 복지 증진을 위해 각종 노동관계법령을 개별
사업장에 효율적으로 적용할 수 있도록 법률 및 정책자문
컨설팅을 한다.

■ 근로자와 사용자를 대상으로 노동관계법령에 대한 상담과
자문을 수행하며, 근로 조건, 취업 규칙 등 제 규정을 법률에
합치되도록 정비하여 노동분쟁을 예방하고, 합법적인
인사를 실시할 수 있도록 컨설팅 한다.

■ 기업과 근로자의 발전을 동시에 달성하기 위해서는
무엇보다도 안정적인 노사관계가 필요하다. 그래서
노사관계 개선 컨설팅을 통해 협력적 노사관계를 정립하고,
근로자와 사용자 간의 커뮤니케이션 향상을 도모함으로써
건설적인 기업문화를 창출한다.

이처럼 노무사란 노동관계 분야 전반에 대한 사항을 분석하여
합리적인 개선 방안이나 해결책을 제시하여 노사 모두에게
도움을 주고 근로자의 채용에서 퇴직까지의 모든 법률 관련
문제를 담당하는 노사관계 전문가를 말한다.
그래서 노무사는 노동관계 법령에 대해 많은 지식을 가지고
있어야 하며 산업 현장에 대해서도 풍부한 경험과 함께
노동정의를 구현하고 근로자들의 삶의 질을 향상하려는 투철한
정의감이 필요하다.

공인노무사가 되면 근로자는 물론이고 사용자의 상담과 자문에 응하고 당사자들로부터 위임을 받아서 대리인으로서 관할 노동위원회와 지방노동청, 근로복지공단(산재심사/재심사위원회) 등에서 노동관계법령에 따른 각종 권리구제(부당해고/부당노동행위/차별시정/산재보상/체불임금/체당금 등) 신청과 대응 및 사업장 노무관리진단 등을 주요업무로 노무사 일을 할 수 있다.

그러나 공인노무사 또한 해서는 안될 일들이 있는데 개업 공인노무사와 직무 보조원이 해서는 안될 일을 보면 다음과 같다.

- 거짓이나 그 밖의 부정한 방법으로 의뢰인에게 노동관계 법령에 따른 보험금 등 재산상의 이익을 얻게 하거나 보험료 납부, 그 밖에 금전상의 의무를 이행하지 아니하게 하는 행위

- 의뢰인으로 하여금 노동관계 법령에 따른 신고·보고, 그 밖의 의무를 이행하지 아니하게 하는 행위

- 법령에 위반되는 행위에 관한 지도·상담, 그 밖에 이와 비슷한 행위

- 사건의 알선을 업(業)으로 하는 자를 이용하거나 그 밖의 부당한 방법으로 사건 의뢰를 유치하는 행위

- 개업노무사 또는 개업노무사이었던 자, 그리고 개업노무사 또는 개업노무사이었던 자의 직무보조원 또는 직무보조원이었던 자는 정당한 사유 없이 직무상 알게 된 사실을 타인에게 누설하여서는 아니 된다.

---

4대 보험에는 어떤 것들이 있을까?

질병, 장애, 노령, 실업, 사망 등과 같은 사회적 위험을 예상하고 이에 대처하기 위하여 국가에서 만든 사회경제제도인데, 업무상의 재해에 대한 산업재해보상보험, 질병과 부상에 대한 건강보험 또는 질병보험, 폐질·사망·노령 등에 대한 연금보험, 실업에 대한 고용보험 등을 말한다.

고용노동부 지원금 신청 컨설팅

공인노무사는 고용노동부에서 시행하고 있는 각종 지원금 신청에 대해 컨설팅 하는데 다음과 같은 지원금이 있다.

■ 중소기업 지원금

제조업 또는 지식기반 서비스업에 종사하는 우선지원 대상기업이 고용환경을 개선하는 경우, 제품기술 개발자 등과 같은 전문 기술 인력을 채용하는 경우, 신규업종에 진출하는 경우에 지원

■ 신규고용촉진장려금

실업상태에 있는 고령자, 장애인, 여성가장 등 취약계층을 채용하는 사업주에게 지원

■ 고령자 고용촉진 장려금

고령자를 고용하거나 정년 퇴직자를 계속 고용하는 사업주에게 지원

■ 모성보호 관련 지원금

임신, 출산, 육아휴직 후 해당자를 계속하여 채용한 사업주에게 지급

■ 고용유지 지원금

생산량 감소, 재고량 증가 등으로 고용조정이 불가피하게 된 사업주가 근로자를 감원하지 않고 다양한 방법으로 고용을 유지하는 경우에 지원

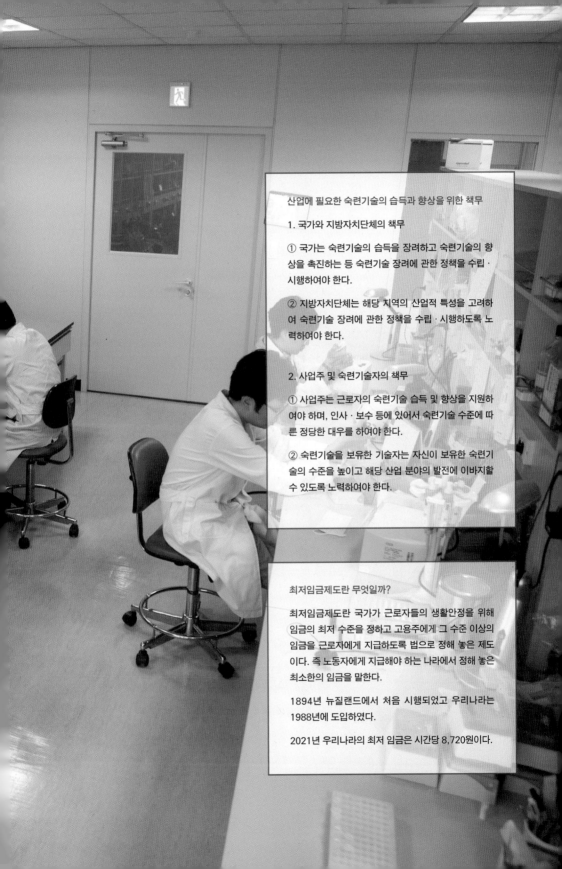

산업에 필요한 숙련기술의 습득과 향상을 위한 책무

1. 국가와 지방자치단체의 책무

① 국가는 숙련기술의 습득을 장려하고 숙련기술의 향상을 촉진하는 등 숙련기술 장려에 관한 정책을 수립·시행하여야 한다.

② 지방자치단체는 해당 지역의 산업적 특성을 고려하여 숙련기술 장려에 관한 정책을 수립·시행하도록 노력하여야 한다.

2. 사업주 및 숙련기술자의 책무

① 사업주는 근로자의 숙련기술 습득 및 향상을 지원하여야 하며, 인사·보수 등에 있어서 숙련기술 수준에 따른 정당한 대우를 하여야 한다.

② 숙련기술을 보유한 기술자는 자신이 보유한 숙련기술의 수준을 높이고 해당 산업 분야의 발전에 이바지할 수 있도록 노력하여야 한다.

최저임금제도란 무엇일까?

최저임금제도란 국가가 근로자들의 생활안정을 위해 임금의 최저 수준을 정하고 고용주에게 그 수준 이상의 임금을 근로자에게 지급하도록 법으로 정해 놓은 제도이다. 즉 노동자에게 지급해야 하는 나라에서 정해 놓은 최소한의 임금을 말한다.

1894년 뉴질랜드에서 처음 시행되었고 우리나라는 1988년에 도입하였다.

2021년 우리나라의 최저 임금은 시간당 8,720원이다.

외국인 근로자와 관련한 정책

▪ **고용허가제** : 국내 인력을 구하지 못한 기업에게 외국인근로자를 합법적으로 고용할 수 있도록 정부가 지원해주는 제도이다. 사업주가 필요한 외국인 인력을 신청하면 정부가 국외에서 취업비자를 받아 입국하는 외국인들을 선별해서 연결해주는 제도이다.

고용허가제는 순수 외국인을 고용하는 일반 고용허가제와 외국 국적을 가진 우리나라 동포를 고용하는 특례 고용허가제로 구분된다.

▪ **방문취업제** : 외국국적동포가 국내에서 취업을 하고자 할 때에는 방문취업체류자격(H-2)으로 입국하여 3년간 취업할 수 있다.

방문취업체류자격에 해당하는 외국인은 건설업, 서비스업, 제조업, 농업, 어업으로서 외국인력정책위원회가 정하는 사업장에서 취업할 수 있다.

© ilkercelik

외국인 근로자와 4대 보험 가입

1. 국민연금: 내국인과 동등하게 국민연금에 가입해야 한다.

단, 아래사항의 경우 가입대상에서 제외된다.

– 연수생, 유학생, 외교관 등 법령에 의해 국민연금 의무가입 제외자

– 연금제도를 의무적으로 가입하지 않는 나라 국민 (즉, 국적에 따라 가입여부 결정)

– 우리나라와 사회보장협정을 맺은 나라에서 우리나라로 파견된 근로자가 본국의 가입증명서를 제출할 경우

2. 건강보험: 직장가입자 적용사업장에서 근무하는 자는 건강보험에 가입해야 한다.

단, 본국의 법령 및 보험에 따라 국내에서도 국민건강보험에 준하는 의료보장 혜택을 받아 건강보험 제외 신청을 하는 경우 적용에서 제외된다.

3. 고용보험: 외국인 근로자의 체류 자격에 따라 고용보험 적용여부를 달리한다.

– 임의 가입 : 단기취업, 전문직업, 비전문취업, 연구, 기술지도 체류인 경우

– 의무 가입 : 거주, 영주 체류인 경우

– 상호주의 : 주재원이나 기업투자 등의 체류인 경우

4. 산재보험: 국내에서 노무를 제공하고 임금을 받는 근로자는 합법, 불법을 불문하고 모두 가입 대상이다.

## 노무사의 보수

보수는 특별하게 규정되어 있지 않다. 이는 노무법인이나
노무사 사무소 어느 경우에도 마찬가지다. 다만, 경력이 높을수록
그리고 능력을 인정받을수록 수입이 많고, 노무법인이나 다른
노무사 사무소에 취직한 월급 노무사보다는 자신이 노무사
사무소를 개설해서 주인으로 활동하는 경우에는 보다 수입이
높다고 할 수 있다. 그러나 이 역시 자신의 역량에 따라 달라진다.

보통 1건의 사건을 수임하여 해결하는데 걸리는 기간은 사건에
따라 다양하지만 평균 3개월 정도 소요되기 때문에 일반적으로
노무사 한 사람이 1건의 사건만을 맡아서 일하지는 않는다.

즉 노무사 한 사람이 동시에 여러 개의 사건을 수임하여 일을
처리하는 경우가 일반적이라고 할 수 있다. 이러한 현상은
변호사들도 마찬가지이다. 이는 사건 수임료를 주요 수입원으로
삼고 있기 때문에 노무사나 변호사들이 어찌할 수 없는 현실이다.

물론 중대한 사건을 맡았을 때에는 거꾸로 한 사건에 여러 명의
노무사가 참가하여 몰입하기도 한다.

노무사 수임료는 법적으로 명시되어있는 기준이 따로 있지는
않다. 그러나 통상적인 수준에서의 비용은 다음과 같다고 알려져
있다.

공인노무사는 노무사건 수임을 통하여 수입을 창출하지만
자문료를 통해 수익을 창출하기도 한다. 자문료는 일정하지는
않지만 경력이 쌓이면 여러 자문사를 가지는 경우가 있어서
자문료 만으로도 일정 부분 사무실 유지비용이나 기본적인 활동
경비가 나올 수 있다고 한다.

〈노무사 보수금액 예시〉

| 구분 | 내용 |
|---|---|
| 사건 수임료 | 착수금 약 100~300만원,<br>성공 보수 약 100~200만원 |
| 취업의 경우 연봉 | 협의 (약 3,000~4,000만원대) |
| 임금 체불 | 착수금, 체불금 회수 성공할 시<br>약 15%, 수수료는 별도 |
| 법인체 인사 및 노무 자문 | 월 약 40~60만원 |
| 산업재해 보상금 | 착수금, 성공보수 약 100~200만원 |
| 노무관련 방문상담 | 1회당 근로자 약 3만원,<br>법인 약4~5만원 |
| 노무관련 서면상담 | 1회당 약 5만원 |
| 규칙 작성과 신고대행 | 약 100만원 |
| 4대보험 관련대행 | 1인당 약 5천원 (10인 이상) |

---

노무사의 연봉은 얼마나 될까?

■ 메이저 및 중대형 법인의 경우 연봉은 평균 약 3천5백만원

■ 소형법인의 경우 연봉은 약 3천만원 초반

■ 대기업의 경우 연봉은 약 5천만원대, 전문계약직은 약 4천만원 후반대

■ 노무법인의 경우 연봉은 책임노무사는 약 5천만원 후반

## 국선 노무사

노무관계에 의한 문제 발생 시에 변호사처럼 국선노무사
제도가 마련되어 있다. 이는 노동 관련 법령들의 복잡성과
전문성으로 말미암아 제대로 권익을 보호 받지 못하는
근로자들을 위한 제도인데 모든 근로자가 이를 활용할 수가 있는
것이 아니고 일정한 조건에 해당하는 근로자만이 혜택을 받을 수
있다.

국선노무사는 노무사의 업무영역 중 두 가지 부분에 있어서
정부가 선임해서 지원해주는 제도이다.

첫 번째는 부당해고 등 노동위원회와 관련한 사건의 경우인데
노동위원회에 부당해고 구제신청 또는 차별 구제신청을 하려는
근로자가 월 평균 임금이 250만원 미만인 경우에, 노동위원회에
국선노무사를 대리인으로 선임하는 신청을 할 수 있으며, 이 경우
무료로 법률구조 등 지원을 받을 수 있다.

그리고 체당금 조력지원제도에 있어서의 국선노무사제도이다.
체당금사건에 있어 국선노무사제도는 도산 또는 폐업하고
근로자가 임금과 퇴직금을 받지 못한 경우에, 무료로
국선노무사의 도움을 받아 체당금 절차를 진행할 수 있도록
지원하는 것이다.

체당금과 관련하여 국선 노무사의 도움을 받으려면 월 평균
보수가 350만원 이하인 근로자이면 된다.

노동자가 일반적으로 사용자에 비하여 사회적 약자의 입장에
있다는 사실을 감안할 때, 그리고 많은 근로자의 임금 수준이
노무사 수임료를 충분히 지불하면서 일을 할 수 있는 상황이
아니라서 노무와 관련한 여러 가지 사안에서 충분한 권리를
행사하기가 현실적으로 수월하지 않다고 하겠다.

또한 노사분쟁에 관련된 많은 근로자들의 경우에 일반적으로
생활수준이 그렇게 높지 않아 국선 노무사의 도움을 받을
정도라면 사회적 약자계층에 속한다고 봐야 한다.

국선노무사가 그러한 약자들을 위하여 만들어진 제도임을

생각한다면 이런 사회적 약자들에게 최소한의 형식적 요건을
넘어서 실질적으로 도움이 될 수 있어야 할 것이다. 도와주는
시늉만 한다면 안 될 것이다.

따라서 국선 노무사 자격을 강화하고, 이들에 대한 급여를
현실화하며 사건 배당은 일의 효율성을 고려하여 실시하는 등
사회적 약자 계층에 있는 근로자들의 현실적 지원을 위한
조치들이 이루어져야 할 것이다. 그러기 위해서는 무엇보다도
능력 있고 경험이 많은 노무사를 국선노무사로 위촉해야 할
것이며 예산적 뒷받침도 있어야 한다. 그렇지 않고 노무사들의
권익을 위한 배려가 선행되어 경험이 그렇게 많지 않아 사건
수임이 원활하지 못한 노무사를 위촉하던지 아니면
노무사로서의 실무경험 연수 차원의 국선 노무사 제도가 만일
운영 된다면 국선 노무사 제도 설립의 근본적 취지가 무너질 수도
있을 것이다.

국선노무사는 노동위원회에서 한국공인노무사회에 추천을
의뢰하면 한국공인노무사회에서 등록된 개업노무사 중에서
추천을 해서 국선노무사 일을 하게 된다. 물론 전임 국선노무사는
없고 평소엔 자기 일을 하다가 사건이 나서 의뢰가 들어올 때만
국선노무사 일을 한다. 무보수는 아니고 건당 50만원 이하의
실비를 지급받는다.

공인노무사의 자격이 있는 사람이 노무사 직무를 시작하고자
하는 때에는 대통령령으로 정하는 바에 따라
고용노동부장관에게 등록을 해야 한다.
일반적으로 노무사가 일하는 방식은 다음 5 가지 정도로
구분할 수 있다.

- 노무사 개인사무소 운영
- 노무법인 설립 운영
- 타 노무법인에 취직
- 기업에 취직
- 노동조합에 취직

일단 노무사 개인이 단독으로 노무사무소를 열 수 있다. 그리고
2명 이상이 모여 노무법인을 설립하거나 설립된 노무법인에
취직할 수 있으며 노무사 자격증이 전문자격증이라고 하여
회사의 인사노무부서에서 선호하는 경향이 있어서 대기업 등
각종 회사에서 일을 하기도 한다. 이 경우에 공인노무사 자격을
가지고 있으면 가산점을 받기도 하고 특별 채용되기도 하는데
선발하는 기업마다 조건이 다르기 때문에 수시로 자세히
알아봐야 한다.

그리고 노무사 자격증을 통해 민주노총, 한국노총 등 노동조합
등에서도 활동할 수 있다.

## 노무사무소, 합동사무소 운영

　공인노무사 자격증을 갖고 노무사 일을 시작하기 위하여
사무소를 설립한 노무사를 개업노무사라고 부르는데
개업노무사는 1개의 사무소만을 설치·운영할 수 있다. 하지만
직무를 효율적으로 수행하고 공신력(公信力)을 높이기 위하여
개업노무사 2명 이상으로 구성되는 합동사무소를 설치할 수도
있다.

　개인 노무사무소를 개설하여 운영하려고 할 때에는
고용노동부장관에게 등록하여야 하는데 이 업무는 현재
한국공인노무사회에서 대행하고 있다. 따라서 직무개시
등록신청서를 작성하여 한국공인노무사회에 접수하면 된다.

　그리고 합동사무소를 설치하려는 경우에는 고용노동부령으로
정하는 바에 따라 합동사무소 운영에 관한 규약을 작성하여 함께
참여하는 노무사의 서명을 받아 고용노동부장관에게 신고하여야
한다.

　노무사무소를 설립하여 운영할 경우에 업무를 돕기 위해
직무보조원을 채용할 수 있다.

　그런데 이 직무보조원이 직무상 행한 행위는 그를 고용한
개업노무사의 행위로 보기 때문에 보조원이 실수로 잘못을 하게
되면 그를 고용한 노무사가 책임을 지게 된다.

　사무소 명칭은 일반적으로는 노무사 개인이 하는 사업소를
노무사무소라고 하는데 다른 근무 형태와는 달리 노무사 개인의
특화된 노무업무를 표시하기도 한다. 'OOO변호사 사무소'와
같이 보통 자신의 이름을 내어걸고 'OO분야 전문 노무사'라고
알리면서 영업을 하는 것이라고 보면 된다.

　이때 공인노무사 합동사무소 또는 노무법인이 아닌 자는
공인노무사 합동사무소·노무법인 또는 이와 비슷한 명칭을
사용할 수 없다.

　이때 수입은 각자 능력에 따라 다양하다고 하겠다. 그러나
일반적으로 경력이 쌓일수록 수입이 증가한다고 보면 된다.

또한 합동사무소를 운영할 경우에도 사무실 운영과 관련된
부분에서는 공동으로 경비를 부담하지만 그 이외 대다수의
경우에는 각 노무사 개인 별로 수입을 계산하여 가져간다.
그럼으로 합동사무소를 운영하더라도 실질적으로는
개인사무소를 운영하는 것과 별반 다를 것이 없다고 하겠다. 단지
사무실 관리 측면에서 효율적일 수는 있지만 노무사 활동
측면에서는 개인적으로 일을 한다.


〈직무 개시 등록 신청 절차〉
신청서 작성 ─> 접수(한국공인노무사회) ─> 신원조회
─> 결재 ─> 발급대장 기입 ─> 등록증 발급

## 노무법인 설립 운영

개업노무사는 그 직무를 조직적·전문적으로 수행하기 위해 노무법인을 설립할 수 있는데 노무법인의 설립에는 고용노동부장관의 인가를 받아야 한다.

노무법인의 사원은 2명 이상의 개업노무사로 구성하며, 사원이 아닌 공인노무사를 고용할 수 있다. 이때 고용된 노무사를 소속 공인노무사라고 하는데 소속공인노무사는 자기 또는 다른 사람을 위하여 그 노무법인의 업무범위에 속하는 업무를 수행하거나 다른 노무법인의 사원 또는 소속공인노무사가 되어서는 안 된다. 또한 노무법인에서 퇴직 후 계속 노무사 활동을 할 수 있지만 퇴직 전 업무에 관한 일은 해서 안 된다.

또한 주사무소와 분사무소를 둘 수 있는데 주사무소와 분사무소에는 사원인 공인노무사 1명 이상이 각각 상근해야 한다. 그리고 노무법인의 사원인 노무사는 별도의 개인 노무사무소를 설립할 수 없다.

### 〈노무법인 설립 인가 신청〉

노무법인의 설립인가를 받으려는 자는 고용노동부령으로 정하는 바에 따라 노무법인의 설립인가신청서와 함께 다음의 서류를 첨부하여 고용노동부장관에게 제출하여야 한다.

- 정관
- 업무계획서 및 예산서
- 그 밖에 고용노동부장관이 정하는 서류

〈노무법인 설립 등기〉

　　고용노동부장관으로부터 설립 인가증을 받은 날부터 14일
이내에 해당 노무법인의 주사무소 소재지에서 노무법인 설립
등기를 하여야 한다. 이때에는 아래의 서류를 첨부하여 사원
전원이 공동으로 신청하여야 한다.


- 정관
- 노무법인 설립 인가증
- 재산출자에 관하여 이행한 부분을 증명하는 서면


※ 정관에 반드시 기재해야 하는 내용
- 노무법인을 대표하는 사원에 관한 사항
- 노무법인의 업무를 집행하는 사원의 권리·의무의 제한 에 관한 사항
- 사원총회에 관한 사항


〈노무법인의 업무 진행 방식〉

　　노무법인은 실제로는 노무사 개인이 사건을 수임했더라도
법인 명의로 모든 일을 수행하여야 하며, 맡은 업무마다 그
업무를 전담할 공인노무사를 사원 공인노무사 중에서
지정하여야 한다.
만일, 소속공인노무사를 사건 담당공인노무사로 지정할 경우에는
그 노무법인의 사원 공인노무사와 공동으로 지정하여야 한다.
　　노무법인이 업무를 수행할 때 이러한 조건의
담당공인노무사를 지정하지 아니한 경우에는 노무법인의 사원
모두가 담당공인노무사로 지정된 것으로 본다.
　　담당공인노무사는 지정된 업무를 수행할 때에는 그
노무법인을 대표하며 그 업무에 관하여 작성하는 서면에는 법인
명의를 표시하고 담당공인노무사가 기명날인하거나 서명한다.

---

노무법인의 사원이란?

여기서 말하는 사원은 회사
원과 같은 의미의 사원이
아니고 정반대로 회사를 세
운 사람 즉 회사의 주인을
법률적으로 사원이라고 한
다.

그래서 노무법인의 사원이
2명 이상이라는 말은 결국
노무법인의 주인이 2명 이
상이라는 말이다.

이 회사 주인인 '사원 노무
사'와 달리 노무법인에 취
직하여 월급을 받는 공인노
무사는 법률적으로 '소속
공인노무사'라고 한다.

- 노무법인 명의로 업무 수행
- 지정된 담당공인노무사는 담당 업무상에서 법인을 대표


〈보증보험 가입 의무〉

　개업노무사 또는 노무법인은 그 직무를 수행하면서 고의나 과실로 인하여 의뢰인에게 손해를 입힌 경우 그 손해에 대한 배상책임을 보장하기 위하여 다음과 같이 보증보험에 가입하고 그 증명서류를 공인노무사회에 제출하여야 한다. 보증기간 만료 시에는 계약을 갱신한 뒤 그 증명서류를 제출해야 한다.

- 노무법인 : 노무법인의 설립인가를 받은 후 15일 이내에
　보험금액 1억원 이상의 보증보험에 가입

- 개업노무사 : 사무소 또는 합동사무소 설치 신고를 마친 후
　15일 이내에 개업노무사 1명당 보험금액 2천만원 이상의
　보증보험에 각각 가입

　노무법인 및 개업노무사는 보증보험금으로 손해배상을 하였을 때에는 15일 이내에 보증보험에 다시 가입하여야 하며 그 증명서류를 제출해야 한다.

# Part Four

# Get a Job

　공인노무사는 시험에 합격하면 주어지는 전문자격과정 중
하나로 다른 성인자격과정에 비하여 전문성이 높아 전문직으로
분류되는 직업이다. 때문에 나이와 상관없이 노무사 자격시험에
도전할 정도로 인기가 높다.

　노무관계는 관련 법규만 해도 수 십 가지가 넘어서는 복잡한
업무로서 법률적 전문지식이 필요할 뿐 아니라 노동 현장에서의
실제적인 경험이 요구되는 일이다. 그래서 어떤 다른 직종
못지않은 전문성이 요구되며 이는 갈수록 더욱 그 정도가 심화
되고 있다.

　또한 노동계에서의 근로자 권익 문제가 사회적으로 이슈화가
되면서 단순한 노동관계에 관한 일에서 근로자의 삶의 질

향상으로 나아가자 노무사에 대한 기대와 인기는 날이 갈수록
높아지고 있다.

　노무사는 장래 유망 직종 중의 하나라고 할 수 있다. 그러나
지식 습득과 동시에 현실 참여라는 두 가지 측면의 활동이
필요하기 때문에 공부도 잘 해야 하지만 사회의식 또한 투철해야
하고 그러한 사회적 참여를 지탱해 줄 수 있는 건강을 가지고
있어야지만 훌륭한 노무사로 활약할 수 있을 것이다.

　공인노무사가 되기 위해서는 한국산업인력공단에서 실시하는
공인노무사 자격시험에 합격하여야 한다.

　시험은 1, 2, 3차로 나누어 실시하는데 노동행정업무에 10년
내지 15년 이상 종사했을 경우 등에 한해 시험과목의 일부를
면제받을 수 있다.

## 시험과목 및 방법

〈제1차 시험〉: 객관식 5지 선택형으로 실시, 기입형을 포함할 수 있음

- 필수과목(5) : 노동법1, 노동법2, 민법, 사회보험법, 영어
  - 노동법1(100점) : 근로기준법, 파견근로자보호 등에 관한 법률, 기간제 및 단시간근로자 보호 등에 관한 법률, 산업안전보건법, 직업안정」, 남녀고용평등과 일·가정 양립 지원에 관한 법률, 최저임금법, 근로자퇴직급여 보장법, 임금채권 보장법, 근로복지기본법, 외국인근로자의 고용 등에 관한 법률
  - 노동법2(100점) : 노동조합 및 노동관계조정법, 근로자참여 및 협력증진에 관한 법, 노동위원회법, 공무원의 노동조합 설립 및 운영 등에 관한 법률, 교원의 노동조합 설립 및 운영 등에 관한 법률
  - 민법(100점) : 총칙편, 채권편
  - 사회보험법(100점) : 사회보장 기본법, 고용보험법, 산업재해 보상보험법, 국민연금법, 국민건강보험법, 고용보험 및 산업재해보상보험의 보험료징수 등에 관한 법률
  - 영어 : 토플(PBT: 530점 이상, CBT: 197점 이상, IBT: 71점 이상)
    토익(TOEIC) : 700점 이상
    텝스(TEPS) : 625점 이상
    지텔프(G-TELP) : Level 2의 65점 이상
    플렉스(FLEX) : 625점 이상

- 선택과목(1) : 경제학원론, 경영학개론 중 1과목(100점)

※ 노동법(1), 노동법(2)는 노동법의 기본이념 등 총론 부분을 포함

〈제2차 시험〉: 논문형으로 실시, 주관식 단답형을 포함할 수
있음

■ 필수과목(3) : 노동법, 인사노무관리론, 행정쟁송법
  - 노동법(150점) : 근로기준법, 파견근로자보호 등에 관한
    법률, 기간제 및 단시간근로자 보호 등에 관한 법률,
    산업안전보건법, 산업재해보상보험법, 고용보험법,
    노동조합 및 노동관계조정법, 근로자참여 및 협력증진에
    관한 법률, 노동위원회법, 공무원의 노동조합 설립 및
    운영 등에 관한 법률, 교원의 노동조합 설립 및 운영 등에
    관한 법률
  - 인사노무관리론(100점)
  - 행정쟁송법(100점) : 행정심판법 및 행정소송법과
    민사소송법 중 행정쟁송 관련 부분

■ 선택과목(1) : 경영조직론, 노동경제학, 민사소송법 중
  1과목(100점)

※ 노동법은 노동법의 기본이념 등 총론 부분을 포함

〈제3차 시험〉: 면접시험, 다음 각 호의 사항을 평정(評定)한다.

■ 국가관·사명감 등 정신자세
■ 전문지식과 응용능력
■ 예의·품행 및 성실성
■ 의사 발표의 정확성과 논리성

## 시험 과목 일부 면제

1. 제1차 시험에 합격한 자는 다음 회의 시험에서만 제1차 시험을 면제하고 제2차 시험에 합격한 자는 다음 회의 시험에서만 제1차 시험과 제2차 시험을 면제한다.

2. 제1차 시험과목 전부와 제2차 시험과목 중 노동법 면제 자격자

- 고용노동부와 그 소속 기관, 중앙노동위원회 또는 지방노동위원회 등에서 공무원으로 근무한 경력이 통틀어 10년 이상이고, 그 중 5급 이상 공무원이나 고위공무원단에 속하는 일반직공무원으로 재직한 경력이 5년 이상인 자

- 고용노동부와 그 소속 기관, 중앙노동위원회 또는 지방노동위원회 등에서 공무원으로 근무한 경력이 통틀어 15년 이상이고, 그 중 6급 이상 공무원이나 고위공무원단에 속하는 일반직공무원으로 재직한 경력이 8년 이상인 자

3. 제1차 시험과목 중 노동법(1) 및 노동법(2) 면제 자격자
다음 각 호의 어느 하나에 해당하는 경력의 통산경력이 10년 이상인 사람

- 고용노동부와 그 소속 기관, 중앙노동위원회 또는 지방노동위원회 등에서 공무원으로 근무한 경력

- 지방자치단체에서 노동관계 법령의 시행에 관한 사무에 직접 종사한 공무원 또는 해양수산부 소속 선원근로감독관으로 근무한 경력(노동 관계 법령 : 노무사가 기본적으로 알아야 할 법령들 참조)

■ 조합원 100명 이상인 「노동조합 및 노동관계조정법」
  제10조제1항 및 제2항에 따른 단위노동조합, 산업별
  연합단체 또는 총연합단체인 노동조합에서 같은 법
  제24조제2항에 따른 전임자로 근무한 경력

■ 상시근로자 300명 이상인 사업 또는 사업장에서
  노무관리업무 전담자로 근무한 경력

■ 고용노동부장관이 인정하는 사용자 단체에서 회원업체의
  노무관리 지도업무 전담자로 근무한 경력

〈공인노무사 자격취득 현황〉

〈단위: 명〉

| 구분 | '85~'05년 | '06~'10년 | '11년 | '12년 | '13년 | '14년 | '15년 |
|---|---|---|---|---|---|---|---|
| 계 | 1,860 | 1,267 | 309 | 339 | 314 | 305 | 314 |
| 시험합격자 | 1,308 | 1,059 | 244 | 255 | 251 | 247 | 254 |
| 노동행정 경력자 | 552 | 208 | 65 | 84 | 63 | 58 | 60 |

〈단위: 명〉

| 연도 | 1차 시험 | | | 2차 시험 | | | 3차 시험 | | |
|---|---|---|---|---|---|---|---|---|---|
| | 응시 | 합격 | 합격률 | 응시 | 합격 | 합격률 | 응시 | 합격 | 합격률 |
| 2020년 | 6,203 | 3,439 | 55.44% | 3,871 | 343 | 8.86% | 343 | 343 | 100% |
| 2019년 | 5,269 | 2,494 | 47.33% | 3,231 | 303 | 9.37% | 303 | 303 | 100% |
| 2018년 | 4,044 | 2,420 | 59.84% | 3,018 | 300 | 9.94% | 300 | 300 | 100% |
| 2017년 | 4,055 | 2,165 | 53.39% | 3,131 | 253 | 8.08% | 253 | 253 | 100% |
| 2016년 | 4,026 | 2,652 | 65.87% | 3,022 | 250 | 8.33% | 250 | 249 | 99.6% |
| 2015년 | 3,394 | 1,688 | 49.73% | 2,237 | 250 | 11.17% | 254 | 254 | 100% |

## 합격 기준

### 〈1차 시험 합격기준〉

영어과목을 제외한 나머지 과목에서 각 과목 40점 이상, 전 과목 평균 60점 이상을 득점한 사람

### 〈2차 시험 합격기준〉

각 과목 만점의 40퍼센트 이상, 전 과목 총점의 60퍼센트 이상 득점한 사람

다만, 제2차 시험에서 각 과목 만점의 40퍼센트 이상, 전 과목 총점의 60퍼센트 이상을 득점한 사람이 최소합격인원에 이르지 못한 경우에 는 최소합격인원에 미달한 인원수의 범위에서 각 과목 만점의 40퍼센트 이상 득점한 사람 중에서 전 과목 총득점이 높은 사람부터 차례로 추가하여 합격자를 결정한다.

제2차 시험의 최소합격인원을 초과하여 동점자가 있을 때에는 해당 동점자 모두를 합격자로 결정한다. 이 경우 동점자의 점수는 소수점 이하 셋째 자리에서 반올림하여 둘째 자리까지 계산한다.

※ 공인노무사 시험 선발 인원(최소합격인원)은 공인노무사자격 심의위원회에서 결정하는데 2009년 최소합격인원은 250명이었다.

### 〈3차 시험 합격기준〉

면접시험 평정요소마다 각각 "상"(3점), "중"(2점), "하"(1점)로 구분 하고, 총 12점 만점으로 평균 8점 이상 취득자. 다만, 위원의 과반수가 어느 하나의 평정요소에 대하여 "하"로 평정한 때에는 불합격 처리한다.

공인노무사 교육 = 연수교육 + 보수교육
연수교육 = 직무교육 + 실무실습
보수교육 = 전문교육 + 윤리교육

　공인노무사 자격이 있는 사람이 직무를 개시하려면
직무개시등록을 하기 전에 1년의 범위에서 대통령령으로 정하는
기간 동안 연수교육을 받아야 한다. 그리고 등록을 한
공인노무사(개업노무사)는 개업노무사의 전문성과 윤리의식을
높이기 위한 내용으로 구성되어 있는 보수(補修)교육을 매년
8시간의 범위에서 대통령령으로 정하는 시간 동안 받아야 한다.
　그래서 공인노무사가 받아야 하는 교육은 크게 연수교육과
보수교육으로 나눌 수가 있다.

## 연수 교육

　연수교육은 공인노무사 자격시험에 합격한 후 노무사로서
일을 시작하기 전에 6개월 이상 1년 이내로 고용노동부령으로
정하는 단체나 기관 또는 대학(연수교육기관)에서 실시한다.
　이러한 교육기관의 기본적 조건은 50명 이상을 수용할 수 있는
강의실을 갖추고 있으며 고용노동 분야에 전문지식과 경험이
있는 3명 이상의 사람이 근무하는 등 교육역량이 있다고
인정되어야 한다. 이러한 조건에 해당하는 단체나 기관 또는 대학
중에서 고용노동부령으로 정한 기관에서 교육한다.
　연수교육은 직무교육과 실무수습으로 이루어지는데 그 내용은
다음과 같다.

### 〈직무교육〉: 40시간 이상 실시

- 직업윤리 등 소양교육(10%)
- 노동관계법령 등 이론교육(50%)
- 노무관리·상담기법 등 실무교육(40%)

### 〈실무실습〉: 다음의 단체나 기관에서 실시

- 개업노무사 사무소
- 합동사무소
- 노무법인
- 공인노무사회
- 그밖에 고용노동부장관이 정하는 공인노무사 업무와
  관련된 기관이나 단체

## 보수 교육

개업 공인노무사는 매년 보수교육을 받아야 한다. 보수교육은
1년에 8시간으로 하되, 윤리교육이 1시간 이상 포함된다.

보수(補修)교육의 내용은 공인노무사 직무에 관한
교육(전문교육)과 직업윤리에 관한 교육(윤리교육)으로 구성된다.

보수교육은 모든 노무사가 의무적으로 받아야 하지만 다음 중
어느 하나에 해당하는 경우에는 보수교육을 받지 않을 수 있다.

- 질병 등으로 정상적인 공인노무사 업무를 수행할 수 없는
  경우
- 휴업 등으로 보수교육을 받을 수 없는 정당한 사유가 있는
  경우
- 고령으로 보수교육을 받기에 적당하지 아니한 경우로서
  공인노무사회가 정하는 경우

## 노무사에게 필요한 지식과 교육

다른 직업들도 마찬가지이겠지만, 노무사에게 있어 업무분야에 대한 전문지식, 특히 노동법과 관련한 법률적 전문지식은 당연히 필요하다. 그런데 노동법이나 노사관계, 인사노무분야에 관한 법령이나 이론 또는 실무지침 등이 계속 바뀌기 때문에 지속적으로 업무영역에 대한 공부와 훈련, 경험 등을 쌓는 것이 필요하다.

노무사가 되어서 가장 먼저 해야 하는 일은 일단, 실무를 배우는 것이다. 이론적인 교육은 시험을 통해 습득했다면, 각종 사건 등을 통해 실무를 배워야 한다. 단순 이론만으로는 근로관계, 노사관계 등에서 발생하는 문제를 해결할 수 없다.

그래서 이러한 실무와 연습을 최소 3년 이상 지속적으로 경험하여야 비로소 한 명의 노동 분야의 전문가로써, 제대로 된 노무사가 될 수 있다고 한다.

또한 노동관계가 너무 방대한 영역에 걸쳐 이루어지기 때문에 한 명의 노무사가 모든 노무분야의 전문가가 된다는 것은 상당히 어렵다. 따라서 노무 분야 중에서도 자신의 적성이나 개성과 맞는 분야를 택하여 전문적 지식을 습득하고 활동도 주로 자신의 전문분야 쪽으로 한다. 현실적으로 상당수의 노무사들이 자신의 전문 분야를 개척하기 위하여 노력하고 있으며 이를 위하여 노동 관련 대학원에 진학하기도 한다.

노무사가 되기 위해 어떤 자질을 가지고 있어야 하나요?

노무사의 자질 = 전문지식 탐구 + 사회운동가 정신 + 학술적 연구

노동관계에서 발생하는 문제는 노동자의 일생에 있어 상당히 중요한 문제들이다. 해고, 임금, 산재, 노조 등 거의 모든 문제가 그 사람의 일생이나 가족의 생계와 연계된 문제이다. 그래서 항상 차분하게 사건을 파헤치고, 의뢰인의 입장에서 최선을 다해야 한다. 그리고 노사관계 문제 또한 마찬가지로 노사 각 당사자에게는 아주 예민하고 중요한 사안이다. 이 경우 법률의 테두리 내에서 공정성을 지키려는 노력과 마음을 가지지 않으면, 어느 한쪽 당사자에게는 매우 아픈 결과를 발생시킬 수 있다. 따라서 노무사는 무엇보다도 사회정의 특히 노동 정의의 실천과 근로자의 삶의 질 향상에 투철한 사명 의식을 가지고 있어야 한다. 이를 위해서는 연구실에서 연구만 하는 자세로서는 이 업무를 제대로 수행할 수 없으며 사회의 현실 속으로 뛰어 들어 난관을 스스로 찾아 해결해 나가는 적극적 의지와 행동이 필요하다.

그런데 이러한 의지와 행동이 무분별적으로 이루어져서는 안되며 어디까지나 법률의 테두리 안에서 합법적으로 이루어 져야 하니까 법률에 대한 지식을 탐구하는 학구적 자세도 필요하다.

그리고 여기에서 더 나아가 보다 전문적으로 노동 현실과 노동 관련 법규의 합리적 연계성에 대한 학술적 연구를 하는 학자의 자세도 있어야 할 것이다.

노무사의 좋은 점은 무엇이고 어려운 점(애로사항)은 무엇일까?

좋은 점은 노동자의 아픔을 함께 하고 치유할 수 있다는 것이다. 해고, 산재, 임금 등 노동자의 생계와 직결된 문제를 전문가로서 풀어나가는 것은 매우 힘들지만 그만큼 큰 보람이 있는 일이다.

반면 일의 특수성과 난이도에 비해 그 가치가 사회적으로 아직 저평가되어 있다는 것이 가장 큰 어려운 점이다.

그러나 노무관계의 전문성과 복잡화로 인하여 멀지 않아 변호사에 버금가는 전문직종으로 대우 받을 것이다. 특히 노동관계 관련 변호업무에 있어서 노무사의 역할은 갈수록 커질 것으로 예상된다.

## 〈공인노무사 연도별 수험인원 및 합격자 현황〉

〈단위: 명〉

| 구분 | 1차 시험 | | | 2차 시험 | | | 3차 시험 | | |
|------|------|------|------|------|------|------|------|------|------|
| | 대상 | 응시 | 합격 | 대상 | 응시 | 합격 | 대상 | 응시 | 합격 |
| 1회('86) | 71,696 | 45,785 | 15,087 | 15,087 | 12,621 | 118 | 118 | 115 | 111 |
| 2회('89) | 6,573 | 2,059 | 165 | 15,141 | 1,550 | 24 | 29 | 29 | 28 |
| 3회('91) | 3,768 | 2,426 | 343 | 446 | 314 | 30 | 31 | 31 | 31 |
| 4회('93) | 908 | 555 | 213 | 446 | 344 | 18 | 18 | 18 | 18 |
| 5회('95) | 622 | 409 | 124 | 262 | 192 | 44 | 44 | 44 | 42 |
| 6회('97) | 822 | 531 | 150 | 233 | 178 | 43 | 45 | 45 | 43 |
| 7회('98) | 812 | 570 | 133 | 251 | 196 | 35 | 37 | 37 | 35 |
| 8회('99) | 1,282 | 962 | 385 | 501 | 410 | 103 | 103 | 103 | 103 |
| 9회('00) | 1,018 | 793 | 293 | 586 | 475 | 71 | 71 | 71 | 71 |
| 10회('01) | 1,283 | 979 | 404 | 658 | 520 | 205 | 205 | 205 | 201 |
| 11회('02) | 1,364 | 1,035 | 420 | 702 | 564 | 143 | 147 | 147 | 147 |
| 12회('03) | 1,816 | 1,405 | 487 | 837 | 678 | 61 | 61 | 61 | 61 |
| 13회('04) | 2,188 | 1,650 | 412 | 849 | 674 | 286 | 286 | 286 | 275 |
| 14회('05) | 2,842 | 2,140 | 755 | 1,036 | 819 | 131 | 141 | 141 | 140 |
| 15회('06) | 3,950 | 3,072 | 1,330 | 1,963 | 1,496 | 122 | 123 | 123 | 122 |
| 16회('07) | 4,235 | 3,574 | 1,342 | 2,155 | 1,818 | 230 | 231 | 231 | 299 |
| 17회('08) | 5,262 | 4,009 | 981 | 1,853 | 1,556 | 206 | 208 | 208 | 208 |
| 18회('09) | 6,346 | 4,945 | 1,480 | 2,013 | 1,689 | 250 | 250 | 250 | 247 |
| 19회('10) | 2,902 | 2,565 | 1,493 | 2,387 | 2,059 | 251 | 254 | 254 | 253 |
| 20회('11) | 3,275 | 2,909 | 1,786 | 2,612 | 2,342 | 250 | 251 | 251 | 244 |
| 21회('12) | 3,265 | 2,869 | 1,084 | 2,277 | 2,043 | 250 | 257 | 257 | 255 |
| 22회('13) | 3,341 | 2,916 | 1,602 | 2,185 | 2,001 | 250 | 252 | 252 | 251 |
| 23회('14) | 2,890 | 2,452 | 1,468 | 2,364 | 2,135 | 250 | 251 | 251 | 247 |
| 24회('15) | 3,956 | 3,394 | 1,688 | 2,472 | 2,237 | 250 | 254 | 254 | 254 |
| 25회('16) | 4,760 | 4,026 | 2,652 | 3,348 | 3,022 | 250 | 250 | 250 | 249 |
| 26회('17) | 4,728 | 4,055 | 2,165 | 3,577 | 3,131 | 253 | 254 | 254 | 254 |

## 〈권리구제 대리인 보수 지급 기준〉

〈단위: 명〉

| 구분 | 지급사유 | 보수 | 비고 |
|---|---|---|---|
| 이유서<br>(답변서)<br>제출 | 화해 성립 (화해를 위한 단독 심판위원회 참석 및 심문회의 참석 후 화해 포함) | 40만원 | - |
| | 심문회의 참석 (심문회의 참석 후 합의 포함) | 30만원 | - |
| | 심문회의 참석전 권리구제 대리인 중재로 합의되어 취하 | 30만원 | - |
| | 심문회의 불참 (각하 사유로 판정회의만 개최, 심문회의 개최 전 취하 포함) | 20만원 | - |
| 이유서<br>(답변서)<br>미제출 | 화해 성립 (화해를 위한 단독 심판위원회 등 심문회의 참석 포함) | 40만원 | 이유서(답변서)<br>제출여부 불문 |
| | 심문회의 참석 | 20만원 | - |
| | 권리구제 대리인의 중재로 합의되어 취하 | 20만원 | 심문회의 참석여부 불문 |
| | 심문회의 불참 (이유서·답변서 제출전 취하 포함) | 없음 | 대리인 활동 없음 |
| 근로자수에<br>따른 보수 | 5인 이상 ~ 9인 이하 | 5만원 | 위 기준에 보수추가 |
| | 10인 이상 ~ 19인 이하 | 10만원 | 위 기준에 보수추가 |
| | 20인 이상 ~ | 15만원 | 위 기준에 보수추가 |
| 선임·취소·<br>사임·철회 | 선임 취소·사임 시점까지의 활동 실적에 따라 위 기준에 의한 보수 지급 | - | - |

※ 보수지급 사유 발생일 : 심문회의 참석일, 취하 성립일 등

※ 대리인 중재에 의한 화해·합의취하는 선임된 권리구제 대리인의 서명날인이 있는 화해조서 및 합의서(단순 취하서는 불인정)를 제출한 경우에만 위 기준에 의한 보수 지급

※ 그 밖의 경우 위의 사례에 준하여 보수 지급

# 노무 및 노동관련법

**공인노무사법**

제1조(목적)
이 법은 공인노무사 제도를 확립하여 노동 및 사회보험 관계 업무의 원활한 운영을 꾀하고 사업 또는
사업장의 자율적인 노무관리를 도모함으로써 근로자의 복지 증진과 기업의 건전한 발전에
이바지함을 목적으로 한다.

제2조(직무의 범위)
① 공인노무사는 다음 각 호의 직무를 수행한다.
　　1. 노동 관계 법령에 따라 관계 기관에 대하여 행하는 신고・신청・보고・진술・청구(이의신청・
　　심사청구 및 심판청구를 포함한다) 및 권리 구제 등의 대행 또는 대리
　　2. 노동 관계 법령에 따른 서류의 작성과 확인
　　3. 노동 관계 법령과 노무관리에 관한 상담・지도

4.「근로기준법」을 적용받는 사업이나 사업장에 대한 노무관리진단

5.「노동조합 및 노동관계조정법」제52조에서 정한 사적(私的) 조정이나 중재

6. 사회보험 관계 법령에 따라 관계 기관에 대하여 행하는 신고·신청·보고·진술·청구
(이의신청·심사청구 및 심판청구를 포함한다) 및 권리 구제 등의 대행 또는 대리

② 제1항제4호에서 "노무관리진단"이란 사업 또는 사업장의 노사(勞使) 당사자 한쪽 또는 양쪽의 의뢰를 받아 그 사업 또는 사업장의 인사·노무관리·노사관계 등에 관한 사항을 분석·진단하고 그 결과에 대하여 합리적인 개선 방안을 제시하는 일련의 행위를 말한다.

③ 제1항제1호부터 제3호까지에 규정된 노동 관계 법령의 범위와 같은 항 제4호의 노무관리진단의 시행에 필요한 사항, 같은 항 제6호에 규정된 사회보험 관계 법령의 범위는 대통령령으로 정한다.


제3조(자격)

제3조의2에 따른 공인노무사 자격시험에 합격한 자는 공인노무사 자격을 가진다.


제3조의2(공인노무사 자격시험)

① 공인노무사 자격시험은 고용노동부장관이 실시하되, 제1차시험·제2차시험 및 제3차시험으로 구분하여 실시한다.

② 공인노무사 자격시험의 최종 합격 발표일을 기준으로 제4조의 결격사유에 해당하는 사람은 공인노무사 자격시험에 응시할 수 없다.

③ 고용노동부장관은 제2항에 따라 공인노무사 자격시험에 응시할 수 없음에도 불구하고 공인노무사 자격시험에 응시하여 최종 합격한 사람에 대하여는 합격결정을 취소하여야 한다.

④ 제1항에 따른 공인노무사 자격시험의 응시자격, 시험과목, 시험방법, 자격증 교부, 그 밖에 시험에 필요한 사항은 대통령령으로 정한다.

⑤ 공인노무사 자격시험에 응시하려는 사람은 실비의 범위에서 대통령령으로 정하는 수수료를 내야 한다. 이 경우 수수료의 납부방법, 반환 등에 관하여 필요한 사항은 대통령령으로 정한다.


제3조의3(시험의 일부면제)

① 다음 각 호의 어느 하나에 해당하는 자는 공인노무사 자격시험의 제1차시험과목 전부와 제2차시험과목 중 그 과목 수의 2분의 1을 넘지 아니하는 범위에서 대통령령으로 정하는 일부 과목을 면제한다.

1. 노동행정에 종사한 경력이 통틀어 10년 이상이고, 그중 5급 이상 공무원이나 고위공무원단에 속하는 일반직공무원으로 재직한 경력이 5년 이상인 자

2. 노동행정에 종사한 경력이 통틀어 15년 이상이고, 그중 6급 이상 공무원이나 고위공무원단에 속하는 일반직공무원으로 재직한 경력이 8년 이상인 자

② 대통령령으로 정하는 노동 관계 업무에 10년 이상 종사한 자는 제1차시험과목 중 대통령령으로 정하는 일부 과목을 면제한다.

③ 제1항 각 호에 따른 노동행정에 종사한 공무원의 범위는 대통령령으로 정한다.

④ 제1차시험에 합격한 자는 다음 회의 시험에서만 제1차시험을 면제하고 제2차시험에 합격한 자는 다음 회의 시험에서만 제1차시험과 제2차시험을 면제한다.

⑤ 다음 각 호의 어느 하나에 해당하는 사람에게는 제1항 및 제2항을 적용하지 아니한다.

   1. 탄핵이나 징계처분에 따라 그 직에서 파면 또는 해임된 사람

   2. 금품 및 향응 수수(授受)로 강등 또는 정직에 해당하는 징계처분을 받은 사람


제3조의4(공인노무사자격심의위원회)

① 공인노무사 자격 취득과 관련한 다음 각 호의 사항을 심의하기 위하여 고용노동부에 공인노무사자격심의위원회를 둘 수 있다.

   1. 공인노무사 자격시험 과목의 조정 등 시험에 관한 사항

   2. 시험의 일부면제 대상자의 요건에 관한 사항

   3. 그 밖에 공인노무사 자격 취득과 관련한 사항

   4. 시험선발인원의 결정

② 공인노무사자격심의위원회의 구성과 운영 등에 필요한 사항은 대통령령으로 정한다.


제3조의5(시험부정행위자에 대한 조치)

고용노동부장관은 공인노무사 자격시험에 있어서 부정한 행위를 한 응시자에 대하여는 그 시험을 정지 또는 무효로 하거나 합격결정을 취소하고, 그 시험을 정지하거나 무효로 한 날 또는 합격결정을 취소한 날부터 5년간 시험응시자격을 정지한다.


제4조(결격사유)

다음 각 호의 어느 하나에 해당하는 자는 공인노무사가 될 수 없다.

1. 미성년자

2. 피성년후견인 또는 피한정후견인

3. 파산선고를 받은 자로서 복권(復權)되지 아니한 자

4. 공무원으로서 징계처분에 따라 파면된 자로서 3년이 지나지 아니한 자

5. 금고(禁錮) 이상의 실형을 선고받고 그 집행이 끝나거나 집행을 받지 아니하기로 확정된 후 3년이 지나지 아니한 자

6. 형의 집행유예를 선고받고 그 기간이 끝난 날부터 2년이 지나지 아니한 자

7. 금고 이상의 형의 선고유예기간 중에 있는 자

8. 제20조에 따라 영구등록취소된 사람


제5조(등록)

① 공인노무사 자격이 있는 사람이 제2조에 따른 직무를 시작하려는 경우에는 대통령령으로 정하는

바에 따라 한국공인노무사회(이하 "공인노무사회"라 한다)에 등록하여야 한다.

② 공인노무사회는 제1항에 따라 등록을 신청한 사람이 다음 각 호의 어느 하나에 해당하면 등록을 거부하여야 한다.

    1. 제4조의 결격사유에 해당하는 사람

    2. 제5조의2제1항에 따른 연수교육을 받지 아니한 사람

    3. 제19조제1항제1호에 따라 등록이 취소된 날부터 3년이 지나지 아니한 사람

    4. 제20조에 따라 등록이 취소된 날부터 3년이 지나지 아니한 사람

③ 공인노무사회는 제2항에 따라 등록을 거부한 때에는 지체 없이 그 사유를 분명하게 밝혀 신청인에게 알려야 한다.

④ 공인노무사회가 제1항에 따른 등록의 신청을 받은 날부터 3개월이 지날 때까지 등록을 하지 아니하거나 등록을 거부하지 아니할 때에는 등록이 된 것으로 본다.

⑤ 제2항에 따라 등록이 거부된 사람은 제3항에 따른 통지를 받은 날부터 3개월 이내에 등록거부에 관하여 부당한 이유를 소명하여 고용노동부장관에게 이의신청을 할 수 있다.

⑥ 고용노동부장관은 제5항의 이의신청이 이유 있다고 인정할 때에는 공인노무사회에 그 공인노무사의 등록을 명하여야 한다.


제5조의2(공인노무사의 교육)

① 공인노무사 자격이 있는 사람(제3조의3제1항 각 호 및 제2항에 해당하는 사람은 제외한다)이 직무를 개시하려면 제5조에 따른 등록을 하기 전에 1년의 범위에서 대통령령으로 정하는 기간 동안 연수교육을 받아야 한다.

② 제5조제1항에 따라 등록을 한 공인노무사(이하 "개업노무사"라 한다)는 개업노무사의 전문성과 윤리의식을 높이기 위한 내용으로 구성되어 있는 보수(補修)교육(이하 "보수교육"이라 한다)을 매년 8시간의 범위에서 대통령령으로 정하는 시간(이 경우 공인노무사로서 필요한 직업윤리의식에 관한 교육이 1시간 이상 포함되어야 한다) 동안 받아야 한다. 다만, 다음 각 호의 어느 하나에 해당하는 경우에는 그러하지 아니하다.

    1. 질병 등으로 정상적인 공인노무사 업무를 수행할 수 없는 경우

    2. 휴업 등으로 보수교육을 받을 수 없는 정당한 사유가 있는 경우

    3. 고령으로 보수교육을 받기에 적당하지 아니한 경우로서 제24조에 따른 공인노무사회가 정하는 경우

③ 고용노동부장관은 대통령령으로 정하는 시설·인력 및 교육실적 등의 기준에 적합한 기관 및 단체를 보수교육을 실시하는 기관(이하 "지정교육기관"이라 한다)으로 지정할 수 있다.

④ 고용노동부장관은 지정교육기관이 다음 각 호의 어느 하나에 해당하는 경우에는 그 지정을 취소할 수 있다. 다만, 제1호의 경우에는 그 지정을 취소하여야 한다.

    1. 거짓이나 부정한 방법으로 지정을 받은 경우

    2. 보수교육을 이수하지 아니한 자를 이수한 것으로 처리한 경우

3. 제3항에 따른 기준에 미치지 못하는 경우

⑤ 제1항 및 제2항에 따른 교육의 내용은 대통령령으로 정하며, 교육의 방법·절차 및 그 밖에 필요한 사항은 고용노동부령으로 정한다.

제6조(사무소의 설치 제한)
개업노무사는 1개의 사무소만을 설치·운영할 수 있다.

제7조(합동사무소)
① 개업노무사는 직무를 효율적으로 수행하고 공신력(公信力)을 높이기 위하여 개업노무사 2명 이상으로 구성되는 합동사무소를 설치할 수 있다.
② 삭제
③ 합동사무소에 관하여 이 법에 규정이 없는 사항은 「민법」 중 조합에 관한 규정을 준용한다.

제7조의2(노무법인)
개업노무사는 그 직무를 조직적·전문적으로 수행하기 위하여 법인을 설립할 수 있다.

제7조의3(노무법인의 사원 등)
① 노무법인의 사원은 2명 이상의 개업노무사로 구성한다.
② 제20조에 따라 직무정지처분을 받고 그 기간 중에 있는 자는 노무법인의 사원이 될 수 없다.
③ 노무법인은 사원이 아닌 공인노무사(이하 "소속공인노무사"라 한다)를 고용할 수 있다.

제7조의4(노무법인의 설립 절차 등)
① 노무법인을 설립하려면 사원이 될 공인노무사가 정관(定款)을 작성하여 대통령령으로 정하는 바에 따라 고용노동부장관의 인가를 받아야 한다. 정관을 변경할 때에도 또한 같다.
② 정관에는 다음 각 호의 사항을 적어야 한다.
  1. 목적
  2. 명칭
  3. 주사무소와 분사무소의 소재지
  4. 사원의 성명과 주소
  5. 사원의 출자에 관한 사항
  6. 존립 시기나 해산 사유를 정한 경우에는 그 시기 또는 사유
  7. 그 밖에 대통령령으로 정하는 사항
③ 노무법인은 대통령령으로 정하는 바에 따라 등기하여야 한다.
④ 노무법인은 그 주사무소에서 설립등기를 함으로써 성립한다.

제7조의5(노무법인의 해산)

① 노무법인은 다음 각 호의 어느 하나에 해당하는 사유로 해산한다.

　1. 정관에서 정하는 해산 사유의 발생

　2. 사원총회의 결의

　3. 합병

　4. 파산

　5. 설립인가의 취소

② 노무법인이 해산하면 청산인은 지체 없이 그 사유를 고용노동부장관에게 신고하여야 한다.


제7조의6(노무법인 인가 취소 등)

고용노동부장관은 노무법인이 다음 각 호의 어느 하나에 해당하면 그 설립인가를 취소하거나 1년 이내의 기간을 정하여 업무의 정지를 명할 수 있다. 다만, 제1호부터 제3호까지의 규정에 해당하는 경우에는 그 인가를 취소하여야 한다.

1. 제7조의3제1항에 따른 사원의 수(數)에 미치지 못한 날부터 3개월 이내에 사원을 보충하지 아니한 경우

2. 업무정지명령을 위반하여 업무를 수행한 경우

3. 거짓이나 그 밖의 부정한 방법으로 제7조의4의 인가를 받은 경우

4. 제7조의7제3항을 위반하여 사무소를 설치·운영한 경우

5. 제7조의10제2항에 따라 준용하는 제11조제4항을 위반하여 직무보조원을 고용한 경우

6. 노무법인의 사원 또는 소속공인노무사가 제13조를 위반한 경우

7. 노무법인이 개업노무사 또는 개업노무사이었던 자(개업노무사 또는 개업노무사이었던 자의 직무보조원 또는 직무보조원이었던 자를 포함한다)로 하여금 정당한 사유 없이 직무상 알게 된 사실을 누설하게 하여 이득을 취한 경우

8. 제18조제1항에 따른 보고·자료제출 등의 명령에 따르지 아니하거나 검사 또는 질문을 거부·방해 또는 기피하는 경우


제7조의7(노무법인의 사무소)

① 노무법인은 주사무소 외에 분사무소를 둘 수 있다. 이 경우 분사무소에는 노무법인의 분사무소임을 표시하여야 한다.

② 노무법인의 사원과 소속공인노무사는 그 노무법인 외에 따로 사무소를 둘 수 없다.

③ 노무법인의 주사무소와 분사무소에는 각각 1명 이상의 공인노무사인 사원이 상근하여야 한다.


제7조의8(노무법인의 업무집행방법)

① 노무법인은 법인 명의로 업무를 수행하여야 하며, 수임한 업무마다 그 업무를 담당할

공인노무사(이하 "담당공인노무사"라 한다)를 지정하여야 한다. 다만, 소속공인노무사를
담당공인노무사로 지정할 경우에는 그 노무법인의 사원과 공동으로 지정하여야 한다.
② 노무법인이 업무를 수행할 때 담당공인노무사를 지정하지 아니한 경우에는 노무법인의 사원
모두를 담당공인노무사로 지정한 것으로 본다.
③ 담당공인노무사는 지정된 업무를 수행할 때에는 그 노무법인을 대표한다.
④ 노무법인이 그 업무에 관하여 작성하는 서면에는 법인 명의를 표시하고 담당공인노무사가
기명날인하거나 서명하여야 한다.

제7조의9(경업의 금지)
① 노무법인의 사원 또는 소속공인노무사는 자기 또는 제3자를 위하여 그 노무법인의 업무범위에
속하는 업무를 수행하거나 다른 노무법인의 사원 또는 소속공인노무사가 되어서는 아니 된다.
② 노무법인의 사원 또는 소속공인노무사이었던 사람은 그 노무법인에 소속한 기간 중에 그
노무법인의 담당공인노무사로서 수행하고 있었거나 수행을 승낙한 업무에 관하여는 퇴직 후
공인노무사의 업무를 수행할 수 없다. 다만, 그 노무법인의 동의가 있는 경우에는 그러하지
아니하다.

제7조의10(준용규정)
① 노무법인에 관하여 이 법에 규정되지 아니한 사항은 「상법」 중 합명회사에 관한 규정을 준용한다.
② 노무법인에 관하여는 그 성질에 어긋나지 아니하면 제11조, 제12조, 제12조의3, 제12조의4,
제13조, 제14조, 제17조, 제20조의3 및 제26조의2를 준용한다.

제8조(사무소 명칭 등)
① 삭제〈1999. 2. 8.〉
② 삭제〈1999. 2. 8.〉
③ 이 법에 따른 공인노무사가 아닌 자는 공인노무사·공인노무사사무소·공인노무사합동사무소·
노무법인 또는 이와 비슷한 명칭을 사용하여서는 아니 된다.
④ 이 법에 따른 공인노무사합동사무소 또는 노무법인이 아닌 자는 공인노무사합동사무소·
노무법인 또는 이와 비슷한 명칭을 사용하여서는 아니 된다.

제9조(폐업)
개업노무사가 폐업하려면 공인노무사회에 신고하여야 한다.

제11조(직무보조원)
① 개업노무사는 그의 직무를 도와줄 보조원을 둘 수 있다.
② 직무보조원의 직무상 행위는 그를 고용한 개업노무사의 행위로 본다.

③ 제4조 각 호의 어느 하나에 해당하는 자는 직무보조원이 될 수 없다. 다만, 같은 조 제3호에 따른 파산선고를 받은 자로서 복권되지 아니한 자는 그러하지 아니하다.

④ 개업노무사는 제3항에 해당하는 자를 직무보조원으로 둘 수 없다.

제12조(품위유지와 성실의무 등)

① 공인노무사는 항상 품위를 유지하고 신의와 성실로써 공정하게 직무를 수행하여야 하고, 그 직무를 공정하게 수행할 수 없는 경우에는 제2조에서 정한 직무를 행하여서는 아니 된다.

② 개업노무사는 제2조제1항에 따라 그가 작성하거나 확인한 서류에 기명하거나 날인하여야 한다.

③ 삭제

제12조의4(손해배상책임의 보장)

개업노무사는 그 직무를 수행하면서 고의나 과실로 인하여 의뢰인에게 손해를 입힌 경우 그 손해에 대한 배상책임을 보장하기 위하여 대통령령으로 정하는 바에 따라 보증보험에 가입하여야 한다.

제13조(금지 행위)

개업노무사와 그 직무보조원은 다음 각 호의 행위를 하여서는 아니 된다.

　　1. 거짓이나 그 밖의 부정한 방법으로 의뢰인에게 노동 및 사회보험 관계 법령에 따른 보험금 등 재산상의 이익을 얻게 하거나 보험료 납부, 그 밖에 금전상의 의무를 이행하지 아니하게 하는 행위

　　2. 의뢰인으로 하여금 노동 및 사회보험 관계 법령에 따른 신고·보고, 그 밖의 의무를 이행하지 아니하게 하는 행위

　　3. 법령에 위반되는 행위에 관한 지도·상담, 그 밖에 이와 비슷한 행위

　　4. 사건의 알선을 업(業)으로 하는 자를 이용하거나 그 밖의 부당한 방법으로 사건 의뢰를 유치하는 행위

제14조(비밀 엄수)

개업노무사 또는 개업노무사이었던 자(개업노무사 또는 개업노무사이었던 자의 직무보조원 또는 직무보조원이었던 자를 포함한다)는 정당한 사유 없이 직무상 알게 된 사실을 타인에게 누설하여서는 아니 된다.

제19조(등록의 취소 등)

① 공인노무사회는 개업노무사가 다음 각 호의 어느 하나에 해당하는 경우에는 등록을 취소하여야 한다.

　　1. 제4조에 따른 결격사유에 해당하게 된 경우

　　2. 제9조에 따라 폐업신고를 한 경우

　　3. 삭제

4. 사망한 경우

② 공인노무사회는 제1항에 따라 등록을 취소한 때에는 지체 없이 그 사유를 분명하게 밝혀 등록이 취소된 사람에게 알려야 한다.

③ 제1항에 따라 등록이 취소된 자는 등록증을 반납하여야 한다.


제20조(징계)

① 고용노동부장관은 공인노무사가 다음 각 호의 어느 하나에 해당하는 경우에는 공인노무사징계위원회의 징계의결에 따라 징계처분을 한다.

  1. 제6조를 위반하여 2개 이상의 사무소를 설치·운영한 경우

  2. 제7조의3제2항을 위반하여 노무법인의 사원이 된 경우

  3. 제7조의9에 따른 경업의 금지를 위반한 경우

  4. 제11조제4항을 위반하여 직무보조원을 둔 경우

  5. 제12조에 따른 품위유지와 성실의무 등을 위반한 경우

  6. 제13조 각 호에 해당하는 금지 행위를 한 경우

  7. 제14조에 따른 비밀 엄수 의무를 위반한 경우

  8. 제18조제1항에 따른 보고·자료제출 등의 명령에 따르지 아니하거나 검사 또는 질문을 거부·방해 또는 기피하는 경우

  9. 제20조의3에 따른 자격대여행위 등의 금지 의무를 위반한 경우

  10. 노무법인, 합동사무소를 설립·운영하기 위하여 다른 사람의 자격증을 빌린 경우

  11. 제2조에 따른 업무를 수행하면서 고의·중대한 과실로 의뢰인이 부정하게 노동 및 사회보험 관계 법령에 따른 보험금 등 재산상의 이익을 얻게 하거나 보험료 납부, 그 밖에 금전상의 의무를 이행하지 아니하게 한 경우

  12. 제3항제3호에 따른 직무정지처분을 위반하여 직무를 수행한 경우

  13. 공인노무사의 직무와 관련하여 2회 이상 금고 이상의 형을 선고받아(집행유예를 선고받은 경우를 포함한다) 그 형이 확정된 경우(과실범의 경우는 제외한다)

  14. 이 법에 따라 2회 이상 직무정지 3년의 징계처분을 받은 후 다시 징계사유가 있는 자로서 공인노무사의 직무를 수행하는 것이 현저히 부적당하다고 인정되는 경우

  15. 공인노무사회의 회칙을 위반한 경우

② 삭제

③ 공인노무사에 대한 징계의 종류는 다음 각 호와 같다.

  1. 영구등록취소(제1항제13호 및 제14호의 경우에 한정한다)

  2. 등록취소

  3. 3년 이하의 직무정지

  4. 1천만원 이하의 과태료

  5. 견책(譴責)

④ 제24조에 따른 공인노무사회는 공인노무사에 대하여 제1항 각 호의 어느 하나에 해당하는 징계사유가 있다고 인정하면 고용노동부장관에게 그 공인노무사의 징계의결을 요청하여야 한다.
⑤ 제1항에 따른 징계의결은 고용노동부장관의 요구에 따라 하며, 제1항 각 호의 어느 하나에 해당하는 사유가 발생한 날부터 3년이 지나면 징계의결을 요구할 수 없다.
⑥ 고용노동부장관은 공인노무사가 제3항제4호에 따른 과태료를 납부기한까지 내지 아니하면 국세 체납처분의 예에 따라 징수할 수 있다.
⑦ 징계의결의 통보, 그 밖에 필요한 사항은 대통령령으로 정한다.

제20조의2(공인노무사징계위원회)
① 공인노무사에 대한 징계를 심의·의결하기 위하여 고용노동부에 공인노무사징계위원회를 둔다.
② 공인노무사징계위원회의 구성과 운영 및 그 밖에 필요한 사항은 대통령령으로 정한다.

제20조의3(자격대여행위 등의 금지)
공인노무사는 다른 사람에게 자기의 성명이나 사무소의 명칭을 사용하여 공인노무사의 직무를 수행하게 하거나 그 자격증이나 등록증을 대여(貸與)하여서는 아니 된다.

제22조(청문)
고용노동부장관은 다음 각 호의 어느 하나에 해당하는 처분 등을 하려는 경우에는 청문을 하여야 한다.
1. 제7조의6에 따른 설립인가 취소 등
2. 제20조제1항에 따른 공인노무사징계위원회의 의결

제24조(공인노무사회의 설립 등)
① 공인노무사의 등록 및 폐업, 자질 향상과 품위 유지, 공인노무사제도의 개선 및 업무의 효율적인 수행을 위하여 공인노무사회를 둔다.
② 제1항에 따라 공인노무사회를 설립하려면 그 회칙을 정하여 고용노동부장관의 승인을 받아야 한다. 승인을 받은 사항을 변경하려는 경우에도 또한 같다.
③ 제2항의 회칙에 적어야 할 주요 사항은 대통령령으로 정한다.
④ 공인노무사회는 법인으로 한다.
⑤ 공인노무사회에 관하여 이 법에 규정되지 아니한 사항은 「민법」 중 사단법인에 관한 규정을 준용한다.

제24조의2(공인노무사회에의 가입 및 공익활동)
① 제5조제1항에 따른 등록을 하려는 사람은 공인노무사회에 가입하여야 한다.
② 공인노무사회는 취약계층의 지원 등 공익활동에 적극 참여하여야 한다.

제26조(업무 위탁)

① 고용노동부장관은 다음 각 호의 업무를 공인노무사회에 위탁할 수 있다.

  1. 공인노무사 연수교육

  2. 근로자와 사용자를 대상으로 한 노무관리의 합리화에 관한 지도와 교육 업무

  3. 그 밖에 고용노동부장관이 이 법의 시행에 필요하다고 인정하여 지정하는 업무

② 고용노동부장관은 제3조의2제1항에 따른 공인노무사 자격시험의 관리에 관한 업무를 「한국산업인력공단법」에 따른 한국산업인력공단에 위탁할 수 있다.

③ 고용노동부장관이 제1항과 제2항에 따라 공인노무사회나 한국산업인력공단에 업무를 위탁한 경우에는 예산의 범위에서 필요한 경비를 보조할 수 있다.

제26조의2(취약계층의 지원 등)

① 국가나 공공기관은 사회취약계층을 위하여 공인노무사로 하여금 노동 및 사회보험 관계 법령과 관련한 사건에 대하여 지원하게 할 수 있다.

② 제1항에 따라 국가나 공공기관이 공인노무사로 하여금 사회취약계층을 지원하게 하려는 경우 그 방법 및 절차, 취약계층의 범위, 공인노무사의 보수 등에 관한 사항에 대하여는 다른 법률로 정하는 바에 따른다.

③ 고용노동부장관은 공인노무사가 제1항에 따라 사회취약계층을 지원한 경우에는 고용노동부령으로 정하는 바에 따라 일정시간의 보수교육을 받은 것으로 인정할 수 있다.

제27조(업무의 제한 등)

① 공인노무사가 아닌 자는 제2조제1항제1호·제2호 또는 제4호의 직무를 업으로서 행하여서는 아니 된다. 다만, 다른 법률로 정하여져 있는 경우에는 그러하지 아니하다.

② 제1항의 직무를 업으로서 행할 수 없는 자는 해당 직무를 수행한다는 표시·광고를 하거나 해당 직무를 수행하는 것으로 오인될 우려가 있는 표시·광고를 하여서는 아니 된다.

제27조의2(공인노무사 업무의 소개·알선 등 제한)

① 누구든지 제2조제1항제1호·제2호 또는 제4호의 직무에 해당하는 사건의 수임에 관하여 다음 각 호의 행위를 하여서는 아니 된다.

  1. 사전에 금품·향응 또는 그 밖의 이익을 받거나 받기로 약속하고 당사자 또는 그 밖의 관계인을 특정한 공인노무사나 그 직무보조원에게 소개·알선 또는 유인하는 행위

  2. 당사자 또는 그 밖의 관계인을 특정한 공인노무사나 그 직무보조원에게 소개·알선 또는 유인한 후 그 대가로 금품·향응 또는 그 밖의 이익을 받거나 요구하는 행위

② 공인노무사가 아닌 자는 공인노무사가 아니면 할 수 없는 업무를 통하여 보수나 그 밖의 이익을 분배받아서는 아니 된다.

제28조(벌칙)

① 다음 각 호의 어느 하나에 해당하는 자는 3년 이하의 징역 또는 3천만원 이하의 벌금에 처한다.

  1. 제14조에 따른 비밀 엄수 의무를 위반한 자

  2. 제27조제1항에 따른 업무 제한 사항을 위반한 자

  3. 제27조의2제1항을 위반하여 공인노무사 업무의 소개·알선 등을 한 자

  4. 제27조의2제2항을 위반하여 공인노무사가 아니면 할 수 없는 업무를 통하여 보수나 그 밖의 이익을 분배받은 자

② 다음 각 호의 어느 하나에 해당하는 자는 1년 이하의 징역 또는 1천만원 이하의 벌금에 처한다.

  1. 공인노무사로서 제5조제1항에 따른 등록을 하지 아니하고 공인노무사 업무를 수행한 자

  2. 제13조제1호, 제2호 또는 제4호에 해당하는 금지 행위를 한 자

  3. 제20조의3에 따른 자격대여행위 등의 금지 의무를 위반한 자와 그 상대방

  4. 제8조제3항·제4항에 따른 유사명칭 사용 금지 의무를 위반한 자

  5. 제27조제2항에 따른 표시·광고의 제한을 위반한 자

③ 삭제

제29조(양벌규정)

노무법인의 사원인 개업노무사, 소속공인노무사 또는 개업노무사의 직무보조원이 그 노무법인 또는 개업노무사의 업무에 관하여 제28조의 위반행위를 하면 그 행위자를 벌하는 외에 그 노무법인 또는 개업노무사에게도 해당 조문의 벌금형을 과(科)한다. 다만, 노무법인 또는 개업노무사가 그 위반행위를 방지하기 위하여 해당 업무에 관하여 상당한 주의와 감독을 게을리하지 아니한 경우에는 그러하지 아니하다.

제30조(과태료)

① 다음 각 호의 어느 하나에 해당하는 자에게는 200만원 이하의 과태료를 부과한다.

  1. 제5조의2제2항에 따른 보수교육을 받지 아니한 자

  2. 제9조에 따른 폐업신고 의무를 위반한 자

  2의2. 제12조의4(제7조의10제2항에서 준용하는 경우를 포함한다)에 따른 보증보험에 가입하지 아니한 자

  3. 제17조제1항(제7조의10제2항에서 준용하는 경우를 포함한다)에 따른 직무에 관한 장부의 작성·관리·보존의무를 위반한 자

② 제1항에 따른 과태료는 대통령령으로 정하는 바에 따라 고용노동부장관이 부과·징수한다.

제31조(권한의 위임)

이 법에 따른 고용노동부장관의 권한은 대통령령으로 정하는 바에 따라 그 일부를 지방고용노동관서의 장에게 위임할 수 있다.

## 노동조합 및 노동관계 조정법

1조(목적)

이 법은 헌법에 의한 근로자의 단결권·단체교섭권 및 단체행동권을 보장하여 근로조건의 유지·개선과 근로자의 경제적·사회적 지위의 향상을 도모하고, 노동관계를 공정하게 조정하여 노동쟁의를 예방·해결함으로써 산업평화의 유지와 국민경제의 발전에 이바지함을 목적으로 한다.

제2조(정의)

이 법에서 사용하는 용어의 정의는 다음과 같다.

1. "근로자"라 함은 직업의 종류를 불문하고 임금·급료 기타 이에 준하는 수입에 의하여 생활하는 자를 말한다.

2. "사용자"라 함은 사업주, 사업의 경영담당자 또는 그 사업의 근로자에 관한 사항에 대하여 사업주를 위하여 행동하는 자를 말한다.

3. "사용자단체"라 함은 노동관계에 관하여 그 구성원인 사용자에 대하여 조정 또는 규제할 수 있는 권한을 가진 사용자의 단체를 말한다.

4. "노동조합"이라 함은 근로자가 주체가 되어 자주적으로 단결하여 근로조건의 유지·개선 기타 근로자의 경제적·사회적 지위의 향상을 도모함을 목적으로 조직하는 단체 또는 그 연합단체를 말한다. 다만, 다음 각목의 1에 해당하는 경우에는 노동조합으로 보지 아니한다.

　　가. 사용자 또는 항상 그의 이익을 대표하여 행동하는 자의 참가를 허용하는 경우

　　나. 경비의 주된 부분을 사용자로부터 원조받는 경우

　　다. 공제·수양 기타 복리사업만을 목적으로 하는 경우

　　라. 근로자가 아닌 자의 가입을 허용하는 경우. 다만, 해고된 자가 노동위원회에 부당노동행위의 구제신청을 한 경우에는 중앙노동위원회의 재심판정이 있을 때까지는 근로자가 아닌 자로 해석하여서는 아니된다.

　　마. 주로 정치운동을 목적으로 하는 경우

5. "노동쟁의"라 함은 노동조합과 사용자 또는 사용자단체(이하 "勞動關係 當事者"라 한다)간에 임금·근로시간·복지·해고 기타 대우등 근로조건의 결정에 관한 주장의 불일치로 인하여 발생한 분쟁상태를 말한다. 이 경우 주장의 불일치라 함은 당사자간에 합의를 위한 노력을 계속하여도 더이상 자주적 교섭에 의한 합의의 여지가 없는 경우를 말한다.

6. "쟁의행위"라 함은 파업·태업·직장폐쇄 기타 노동관계 당사자가 그 주장을 관철할 목적으로 행하는 행위와 이에 대항하는 행위로서 업무의 정상적인 운영을 저해하는 행위를 말한다.

제3조(손해배상 청구의 제한)

사용자는 이 법에 의한 단체교섭 또는 쟁의행위로 인하여 손해를 입은 경우에 노동조합 또는 근로자에 대하여 그 배상을 청구할 수 없다.

제4조(정당행위)

형법 제20조의 규정은 노동조합이 단체교섭·쟁의행위 기타의 행위로서 제1조의 목적을 달성하기 위하여 한 정당한 행위에 대하여 적용된다. 다만, 어떠한 경우에도 폭력이나 파괴행위는 정당한 행위로 해석되어서는 아니된다.

제5조(노동조합의 조직·가입)

근로자는 자유로이 노동조합을 조직하거나 이에 가입할 수 있다. 다만, 공무원과 교원에 대하여는 따로 법률로 정한다.

제7조(노동조합의 보호요건)

① 이 법에 의하여 설립된 노동조합이 아니면 노동위원회에 노동쟁의의 조정 및 부당노동행위의 구제를 신청할 수 없다.

② 제1항의 규정은 제81조제1호·제2호 및 제5호의 규정에 의한 근로자의 보호를 부인하는 취지로 해석되어서는 아니된다.

③ 이 법에 의하여 설립된 노동조합이 아니면 노동조합이라는 명칭을 사용할 수 없다.

제9조(차별대우의 금지)

노동조합의 조합원은 어떠한 경우에도 인종, 종교, 성별, 연령, 신체적 조건, 고용형태, 정당 또는 신분에 의하여 차별대우를 받지 아니한다.

제10조(설립의 신고)

① 노동조합을 설립하고자 하는 자는 다음 각호의 사항을 기재한 신고서에 제11조의 규정에 의한 규약을 첨부하여 연합단체인 노동조합과 2 이상의 특별시·광역시·특별자치시·도·특별자치도에 걸치는 단위노동조합은 고용노동부장관에게, 2 이상의 시·군·구(자치구를 말한다)에 걸치는 단위노동조합은 특별시장·광역시장·도지사에게, 그 외의 노동조합은 특별자치시장·특별자치도지사·시장·군수·구청장(자치구의 구청장을 말한다. 이하 제12조제1항에서 같다)에게 제출하여야 한다.

  1. 명칭

  2. 주된 사무소의 소재지

  3. 조합원수

  4. 임원의 성명과 주소

5. 소속된 연합단체가 있는 경우에는 그 명칭

6. 연합단체인 노동조합에 있어서는 그 구성노동단체의 명칭, 조합원수, 주된 사무소의 소재지 및 임원의 성명·주소

② 제1항의 규정에 의한 연합단체인 노동조합은 동종산업의 단위노동조합을 구성원으로 하는 산업별 연합단체와 산업별 연합단체 또는 전국규모의 산업별 단위노동조합을 구성원으로 하는 총연합단체를 말한다.


제11조(규약)

노동조합은 그 조직의 자주적·민주적 운영을 보장하기 위하여 당해 노동조합의 규약에 다음 각 호의 사항을 기재하여야 한다.

1. 명칭

2. 목적과 사업

3. 주된 사무소의 소재지

4. 조합원에 관한 사항(聯合團體인 勞動組合에 있어서는 그 構成團體에 관한 사항)

5. 소속된 연합단체가 있는 경우에는 그 명칭

6. 대의원회를 두는 경우에는 대의원회에 관한 사항

7. 회의에 관한 사항

8. 대표자와 임원에 관한 사항

9. 조합비 기타 회계에 관한 사항

10. 규약변경에 관한 사항

11. 해산에 관한 사항

12. 쟁의행위와 관련된 찬반투표 결과의 공개, 투표자 명부 및 투표용지 등의 보존·열람에 관한 사항

13. 대표자와 임원의 규약위반에 대한 탄핵에 관한 사항

14. 임원 및 대의원의 선거절차에 관한 사항

15. 규율과 통제에 관한 사항


제15조(총회의 개최)

① 노동조합은 매년 1회 이상 총회를 개최하여야 한다.

② 노동조합의 대표자는 총회의 의장이 된다.


제16조(총회의 의결사항)

① 다음 각호의 사항은 총회의 의결을 거쳐야 한다.

  1. 규약의 제정과 변경에 관한 사항

  2. 임원의 선거와 해임에 관한 사항

3. 단체협약에 관한 사항

4. 예산·결산에 관한 사항

5. 기금의 설치·관리 또는 처분에 관한 사항

6. 연합단체의 설립·가입 또는 탈퇴에 관한 사항

7. 합병·분할 또는 해산에 관한 사항

8. 조직형태의 변경에 관한 사항

9. 기타 중요한 사항

② 총회는 재적조합원 과반수의 출석과 출석조합원 과반수의 찬성으로 의결한다. 다만, 규약의
제정·변경, 임원의 해임, 합병·분할·해산 및 조직형태의 변경에 관한 사항은 재적조합원
과반수의 출석과 출석조합원 3분의 2 이상의 찬성이 있어야 한다.

③ 임원의 선거에 있어서 출석조합원 과반수의 찬성을 얻은 자가 없는 경우에는 제2항 본문의
규정에 불구하고 규약이 정하는 바에 따라 결선투표를 실시하여 다수의 찬성을 얻은 자를 임원으로
선출할 수 있다.

④ 규약의 제정·변경과 임원의 선거·해임에 관한 사항은 조합원의 직접·비밀·무기명투표에
의하여야 한다.


제17조(대의원회)

① 노동조합은 규약으로 총회에 갈음할 대의원회를 둘 수 있다.

② 대의원은 조합원의 직접·비밀·무기명투표에 의하여 선출되어야 한다.

③ 대의원의 임기는 규약으로 정하되 3년을 초과할 수 없다.

④ 대의원회를 둔 때에는 총회에 관한 규정은 대의원회에 이를 준용한다.


제18조(임시총회등의 소집)

① 노동조합의 대표자는 필요하다고 인정할 때에는 임시총회 또는 임시대의원회를 소집할 수 있다.

② 노동조합의 대표자는 조합원 또는 대의원의 3분의 1 이상(聯合團體인 勞動組合에 있어서는 그
構成團體의 3分의 1 이상)이 회의에 부의할 사항을 제시하고 회의의 소집을 요구한 때에는 지체없이
임시총회 또는 임시대의원회를 소집하여야 한다.

③ 행정관청은 노동조합의 대표자가 제2항의 규정에 의한 회의의 소집을 고의로 기피하거나 이를
해태하여 조합원 또는 대의원의 3분의 1 이상이 소집권자의 지명을 요구한 때에는 15일 이내에
노동위원회의 의결을 요청하고 노동위원회의 의결이 있는 때에는 지체없이 회의의 소집권자를
지명하여야 한다.

④ 행정관청은 노동조합에 총회 또는 대의원회의 소집권자가 없는 경우에 조합원 또는 대의원의
3분의 1 이상이 회의에 부의할 사항을 제시하고 소집권자의 지명을 요구한 때에는 15일 이내에
회의의 소집권자를 지명하여야 한다.

제22조(조합원의 권리와 의무)

노동조합의 조합원은 균등하게 그 노동조합의 모든 문제에 참여할 권리와 의무를 가진다. 다만, 노동조합은 그 규약으로 조합비를 납부하지 아니하는 조합원의 권리를 제한할 수 있다.


제23조(임원의 선거등)

① 노동조합의 임원은 그 조합원중에서 선출되어야 한다.

② 임원의 임기는 규약으로 정하되 3년을 초과할 수 없다.


제24조(노동조합의 전임자)

① 근로자는 단체협약으로 정하거나 사용자의 동의가 있는 경우에는 근로계약 소정의 근로를 제공하지 아니하고 노동조합의 업무에만 종사할 수 있다.

② 제1항의 규정에 의하여 노동조합의 업무에만 종사하는 자(이하 "專任者"라 한다)는 그 전임기간동안 사용자로부터 어떠한 급여도 지급받아서는 아니된다.

③ 사용자는 전임자의 정당한 노동조합 활동을 제한하여서는 아니 된다.

④ 제2항에도 불구하고 단체협약으로 정하거나 사용자가 동의하는 경우에는 사업 또는 사업장별로 조합원 수 등을 고려하여 제24조의2에 따라 결정된 근로시간 면제 한도(이하 "근로시간 면제 한도"라 한다)를 초과하지 아니하는 범위에서 근로자는 임금의 손실 없이 사용자와의 협의·교섭, 고충처리, 산업안전 활동 등 이 법 또는 다른 법률에서 정하는 업무와 건전한 노사관계 발전을 위한 노동조합의 유지·관리업무를 할 수 있다.

⑤ 노동조합은 제2항과 제4항을 위반하는 급여 지급을 요구하고 이를 관철할 목적으로 쟁의행위를 하여서는 아니 된다.


제26조(운영상황의 공개)

노동조합의 대표자는 회계연도마다 결산결과와 운영상황을 공표하여야 하며 조합원의 요구가 있을 때에는 이를 열람하게 하여야 한다.


제28조(해산사유)

① 노동조합은 다음 각호의 1에 해당하는 경우에는 해산한다.

  1. 규약에서 정한 해산사유가 발생한 경우

  2. 합병 또는 분할로 소멸한 경우

  3. 총회 또는 대의원회의 해산결의가 있는 경우

  4. 노동조합의 임원이 없고 노동조합으로서의 활동을 1년 이상 하지 아니한 것으로 인정되는 경우로서 행정관청이 노동위원회의 의결을 얻은 경우

② 제1항제1호 내지 제3호의 사유로 노동조합이 해산한 때에는 그 대표자는 해산한 날부터 15일 이내에 행정관청에게 이를 신고하여야 한다.

제29조(교섭 및 체결권한)

① 노동조합의 대표자는 그 노동조합 또는 조합원을 위하여 사용자나 사용자단체와 교섭하고 단체협약을 체결할 권한을 가진다.

② 제29조의2에 따라 결정된 교섭대표노동조합(이하 "교섭대표노동조합"이라 한다)의 대표자는 교섭을 요구한 모든 노동조합 또는 조합원을 위하여 사용자와 교섭하고 단체협약을 체결할 권한을 가진다.

③ 노동조합과 사용자 또는 사용자단체로부터 교섭 또는 단체협약의 체결에 관한 권한을 위임받은 자는 그 노동조합과 사용자 또는 사용자단체를 위하여 위임받은 범위안에서 그 권한을 행사할 수 있다.

④ 노동조합과 사용자 또는 사용자단체는 제3항에 따라 교섭 또는 단체협약의 체결에 관한 권한을 위임한 때에는 그 사실을 상대방에게 통보하여야 한다.

제31조(단체협약의 작성)

① 단체협약은 서면으로 작성하여 당사자 쌍방이 서명 또는 날인하여야 한다.

② 단체협약의 당사자는 단체협약의 체결일부터 15일 이내에 이를 행정관청에게 신고하여야 한다.

③ 행정관청은 단체협약중 위법한 내용이 있는 경우에는 노동위원회의 의결을 얻어 그 시정을 명할 수 있다.

제32조(단체협약의 유효기간)

① 단체협약에는 2년을 초과하는 유효기간을 정할 수 없다.

② 단체협약에 그 유효기간을 정하지 아니한 경우 또는 제1항의 기간을 초과하는 유효기간을 정한 경우에 그 유효기간은 2년으로 한다.

③ 단체협약의 유효기간이 만료되는 때를 전후하여 당사자 쌍방이 새로운 단체협약을 체결하고자 단체교섭을 계속하였음에도 불구하고 새로운 단체협약이 체결되지 아니한 경우에는 별도의 약정이 있는 경우를 제외하고는 종전의 단체협약은 그 효력만료일부터 3월까지 계속 효력을 갖는다. 다만, 단체협약에 그 유효기간이 경과한 후에도 새로운 단체협약이 체결되지 아니한 때에는 새로운 단체협약이 체결될 때까지 종전 단체협약의 효력을 존속시킨다는 취지의 별도의 약정이 있는 경우에는 그에 따르되, 당사자 일방은 해지하고자 하는 날의 6월전까지 상대방에게 통고함으로써 종전의 단체협약을 해지할 수 있다.

제35조(일반적 구속력)

하나의 사업 또는 사업장에 상시 사용되는 동종의 근로자 반수 이상이 하나의 단체협약의 적용을 받게 된 때에는 당해 사업 또는 사업장에 사용되는 다른 동종의 근로자에 대하여도 당해 단체협약이 적용된다.

제36조(지역적 구속력)

① 하나의 지역에 있어서 종업하는 동종의 근로자 3분의 2 이상이 하나의 단체협약의 적용을 받게 된 때에는 행정관청은 당해 단체협약의 당사자의 쌍방 또는 일방의 신청에 의하거나 그 직권으로 노동위원회의 의결을 얻어 당해 지역에서 종업하는 다른 동종의 근로자와 그 사용자에 대하여도 당해 단체협약을 적용한다는 결정을 할 수 있다.

② 행정관청이 제1항의 규정에 의한 결정을 한 때에는 지체없이 이를 공고하여야 한다.

제37조(쟁의행위의 기본원칙)

① 쟁의행위는 그 목적·방법 및 절차에 있어서 법령 기타 사회질서에 위반되어서는 아니된다.

② 조합원은 노동조합에 의하여 주도되지 아니한 쟁의행위를 하여서는 아니된다.

제38조(노동조합의 지도와 책임)

① 쟁의행위는 그 쟁의행위와 관계없는 자 또는 근로를 제공하고자 하는 자의 출입·조업 기타 정상적인 업무를 방해하는 방법으로 행하여져서는 아니되며 쟁의행위의 참가를 호소하거나 설득하는 행위로서 폭행·협박을 사용하여서는 아니된다.

② 작업시설의 손상이나 원료·제품의 변질 또는 부패를 방지하기 위한 작업은 쟁의행위 기간중에도 정상적으로 수행되어야 한다.

③ 노동조합은 쟁의행위가 적법하게 수행될 수 있도록 지도·관리·통제할 책임이 있다.

제39조(근로자의 구속제한)

근로자는 쟁의행위 기간중에는 현행범외에는 이 법 위반을 이유로 구속되지 아니한다.

제41조(쟁의행위의 제한과 금지)

① 노동조합의 쟁의행위는 그 조합원의 직접·비밀·무기명투표에 의한 조합원 과반수의 찬성으로 결정하지 아니하면 이를 행할 수 없다. 제29조의2에 따라 교섭대표노동조합이 결정된 경우에는 그 절차에 참여한 노동조합의 전체 조합원(해당 사업 또는 사업장 소속 조합원으로 한정한다)의 직접·비밀·무기명투표에 의한 과반수의 찬성으로 결정하지 아니하면 쟁의행위를 할 수 없다.

② 「방위사업법」에 의하여 지정된 주요방위산업체에 종사하는 근로자중 전력, 용수 및 주로 방산물자를 생산하는 업무에 종사하는 자는 쟁의행위를 할 수 없으며 주로 방산물자를 생산하는 업무에 종사하는 자의 범위는 대통령령으로 정한다.

제42조(폭력행위등의 금지)

① 쟁의행위는 폭력이나 파괴행위 또는 생산 기타 주요업무에 관련되는 시설과 이에 준하는 시설로서 대통령령이 정하는 시설을 점거하는 형태로 이를 행할 수 없다.

② 사업장의 안전보호시설에 대하여 정상적인 유지·운영을 정지·폐지 또는 방해하는 행위는

쟁의행위로서 이를 행할 수 없다.

③ 행정관청은 쟁의행위가 제2항의 행위에 해당한다고 인정하는 경우에는 노동위원회의 의결을 얻어 그 행위를 중지할 것을 통보하여야 한다. 다만, 사태가 급박하여 노동위원회의 의결을 얻을 시간적 여유가 없을 때에는 그 의결을 얻지 아니하고 즉시 그 행위를 중지할 것을 통보할 수 있다.

④ 제3항 단서의 경우에 행정관청은 지체없이 노동위원회의 사후승인을 얻어야 하며 그 승인을 얻지 못한 때에는 그 통보는 그때부터 효력을 상실한다.

제42조의2(필수유지업무에 대한 쟁의행위의 제한)

① 이 법에서 "필수유지업무"라 함은 제71조제2항의 규정에 따른 필수공익사업의 업무 중 그 업무가 정지되거나 폐지되는 경우 공중의 생명·건강 또는 신체의 안전이나 공중의 일상생활을 현저히 위태롭게 하는 업무로서 대통령령이 정하는 업무를 말한다.

② 필수유지업무의 정당한 유지·운영을 정지·폐지 또는 방해하는 행위는 쟁의행위로서 이를 행할 수 없다.

제42조의3(필수유지업무협정)

노동관계 당사자는 쟁의행위기간 동안 필수유지업무의 정당한 유지·운영을 위하여 필수유지업무의 필요 최소한의 유지·운영 수준, 대상직무 및 필요인원 등을 정한 협정(이하"필수유지업무협정"이라 한다)을 서면으로 체결하여야 한다. 이 경우 필수유지업무협정에는 노동관계 당사자 쌍방이 서명 또는 날인하여야 한다.

제42조의4(필수유지업무 유지·운영 수준 등의 결정)

① 노동관계 당사자 쌍방 또는 일방은 필수유지업무협정이 체결되지 아니하는 때에는 노동위원회에 필수유지업무의 필요 최소한의 유지·운영 수준, 대상직무 및 필요인원 등의 결정을 신청하여야 한다.

② 제1항의 규정에 따른 신청을 받은 노동위원회는 사업 또는 사업장별 필수유지업무의 특성 및 내용 등을 고려하여 필수유지업무의 필요 최소한의 유지·운영 수준, 대상직무 및 필요인원 등을 결정할 수 있다.

③ 제2항의 규정에 따른 노동위원회의 결정은 제72조의 규정에 따른 특별조정위원회가 담당한다.

④ 제2항의 규정에 따른 노동위원회의 결정에 대한 해석 또는 이행방법에 관하여 관계당사자간에 의견이 일치하지 아니하는 경우에는 특별조정위원회의 해석에 따른다. 이 경우 특별조정위원회의 해석은 제2항의 규정에 따른 노동위원회의 결정과 동일한 효력이 있다.

⑤ 제2항의 규정에 따른 노동위원회의 결정에 대한 불복절차 및 효력에 관하여는 제69조와 제70조제2항의 규정을 준용한다.

제42조의5(노동위원회의 결정에 따른 쟁의행위)
제42조의4제2항의 규정에 따라 노동위원회의 결정이 있는 경우 그 결정에 따라 쟁의행위를 한
때에는 필수유지업무를 정당하게 유지·운영하면서 쟁의행위를 한 것으로 본다.

제42조의6(필수유지업무 근무 근로자의 지명)
① 노동조합은 필수유지업무협정이 체결되거나 제42조의4제2항의 규정에 따른 노동위원회의
결정이 있는 경우 사용자에게 필수유지업무에 근무하는 조합원 중 쟁의행위기간 동안 근무하여야
할 조합원을 통보하여야 하며, 사용자는 이에 따라 근로자를 지명하고 이를 노동조합과 그
근로자에게 통보하여야 한다. 다만, 노동조합이 쟁의행위 개시 전까지 이를 통보하지 아니한
경우에는 사용자가 필수유지업무에 근무하여야 할 근로자를 지명하고 이를 노동조합과 그
근로자에게 통보하여야 한다.
② 제1항에 따른 통보·지명시 노동조합과 사용자는 필수유지업무에 종사하는 근로자가 소속된
노동조합이 2개 이상인 경우에는 각 노동조합의 해당 필수유지업무에 종사하는 조합원 비율을
고려하여야 한다.

제43조(사용자의 채용제한)
① 사용자는 쟁의행위 기간중 그 쟁의행위로 중단된 업무의 수행을 위하여 당해 사업과 관계없는
자를 채용 또는 대체할 수 없다.
② 사용자는 쟁의행위기간중 그 쟁의행위로 중단된 업무를 도급 또는 하도급 줄 수 없다.
③ 제1항 및 제2항의 규정은 필수공익사업의 사용자가 쟁의행위 기간 중에 한하여 당해 사업과
관계없는 자를 채용 또는 대체하거나 그 업무를 도급 또는 하도급 주는 경우에는 적용하지 아니한다.
④ 제3항의 경우 사용자는 당해 사업 또는 사업상 파업참가자의 100분의 50을 초과하지 않는 범위
안에서 채용 또는 대체하거나 도급 또는 하도급 줄 수 있다. 이 경우 파업참가자 수의 산정 방법 등은
대통령령으로 정한다.

제44조(쟁의행위 기간중의 임금지급 요구의 금지)
① 사용자는 쟁의행위에 참가하여 근로를 제공하지 아니한 근로자에 대하여는 그 기간중의 임금을
지급할 의무가 없다.
② 노동조합은 쟁의행위 기간에 대한 임금의 지급을 요구하여 이를 관철할 목적으로 쟁의행위를
하여서는 아니된다.

제46조(직장폐쇄의 요건)
① 사용자는 노동조합이 쟁의행위를 개시한 이후에만 직장폐쇄를 할 수 있다.
② 사용자는 제1항의 규정에 의한 직장폐쇄를 할 경우에는 미리 행정관청 및 노동위원회에 각각
신고하여야 한다.

제47조(자주적 조정의 노력)

이 장의 규정은 노동관계 당사자가 직접 노사협의 또는 단체교섭에 의하여 근로조건 기타
노동관계에 관한 사항을 정하거나 노동관계에 관한 주장의 불일치를 조정하고 이에 필요한 노력을
하는 것을 방해하지 아니한다.

제48조(당사자의 책무)

노동관계 당사자는 단체협약에 노동관계의 적정화를 위한 노사협의 기타 단체교섭의 절차와 방식을
규정하고 노동쟁의가 발생한 때에는 이를 자주적으로 해결하도록 노력하여야 한다.

제49조(국가등의 책무)

국가 및 지방자치단체는 노동관계 당사자간에 노동관계에 관한 주장이 일치하지 아니할 경우에
노동관계 당사자가 이를 자주적으로 조정할 수 있도록 조력함으로써 쟁의행위를 가능한 한
예방하고 노동쟁의의 신속·공정한 해결에 노력하여야 한다.

제50조(신속한 처리)

이 법에 의하여 노동관계의 조정을 할 경우에는 노동관계 당사자와 노동위원회 기타 관계기관은
사건을 신속히 처리하도록 노력하여야 한다.

제51조(공익사업등의 우선적 취급)

국가·지방자치단체·국공영기업체·방위산업체 및 공익사업에 있어서의 노동쟁의의 조정은
우선적으로 취급하고 신속히 처리하여야 한다.

제52조(사적 조정·중재)

① 제2절 및 제3절의 규정은 노동관계 당사자가 쌍방의 합의 또는 단체협약이 정하는 바에 따라
각각 다른 조정 또는 중재방법(이하 이 조에서 "사적조정등"이라 한다)에 의하여 노동쟁의를 해결하는
것을 방해하지 아니한다.

② 노동관계 당사자는 제1항의 규정에 의하여 노동쟁의를 해결하기로 한 때에는 이를 노동위원회에
신고하여야 한다.

③ 제1항의 규정에 의하여 노동쟁의를 해결하기로 한 때에는 다음 각호의 규정이 적용된다.

　　1. 조정에 의하여 해결하기로 한 때에는 제45조제2항 및 제54조의 규정. 이 경우 조정기간은
조정을 개시한 날부터 기산한다.

　　2. 중재에 의하여 해결하기로 한 때에는 제63조의 규정. 이 경우 쟁의행위의 금지기간은 중재를
개시한 날부터 기산한다.

④ 제1항의 규정에 의하여 조정 또는 중재가 이루어진 경우에 그 내용은 단체협약과 동일한 효력을

가진다.

⑤ 사적조정등을 수행하는 자는 「노동위원회법」 제8조제2항제2호 각 목의 자격을 가진 자로 한다. 이 경우 사적조정 등을 수행하는 자는 노동관계 당사자로부터 수수료, 수당 및 여비 등을 받을 수 있다.

## 제53조(조정의 개시)

① 노동위원회는 관계 당사자의 일방이 노동쟁의의 조정을 신청한 때에는 지체없이 조정을 개시하여야 하며 관계 당사자 쌍방은 이에 성실히 임하여야 한다.

② 노동위원회는 제1항의 규정에 따른 조정신청 전이라도 원활한 조정을 위하여 교섭을 주선하는 등 관계 당사자의 자주적인 분쟁 해결을 지원할 수 있다.

## 제54조(조정기간)

① 조정은 제53조의 규정에 의한 조정의 신청이 있은 날부터 일반사업에 있어서는 10일, 공익사업에 있어서는 15일 이내에 종료하여야 한다.

② 제1항의 규정에 의한 조정기간은 관계 당사자간의 합의로 일반사업에 있어서는 10일, 공익사업에 있어서는 15일 이내에서 연장할 수 있다.

## 제55조(조정위원회의 구성)

① 노동쟁의의 조정을 위하여 노동위원회에 조정위원회를 둔다.

② 제1항의 규정에 의한 조정위원회는 조정위원 3인으로 구성한다.

③ 제2항의 규정에 의한 조정위원은 당해 노동위원회의 위원중에서 사용자를 대표하는 자, 근로자를 대표하는 자 및 공익을 대표하는 자 각 1인을 그 노동위원회의 위원장이 지명하되, 근로자를 대표하는 조정위원은 사용자가, 사용자를 대표하는 조정위원은 노동조합이 각각 추천하는 노동위원회의 위원중에서 지명하여야 한다. 다만, 조정위원회의 회의 3일전까지 관계 당사자가 추천하는 위원의 명단제출이 없을 때에는 당해 위원을 위원장이 따로 지명할 수 있다.

④ 노동위원회의 위원장은 근로자를 대표하는 위원 또는 사용자를 대표하는 위원의 불참 등으로 인하여 제3항의 규정에 따른 조정위원회의 구성이 어려운 경우 노동위원회의 공익을 대표하는 위원 중에서 3인을 조정위원으로 지명할 수 있다. 다만, 관계 당사자 쌍방의 합의로 선정한 노동위원회의 위원이 있는 경우에는 그 위원을 조정위원으로 지명한다.

## 제57조(단독조정)

① 노동위원회는 관계 당사자 쌍방의 신청이 있거나 관계 당사자 쌍방의 동의를 얻은 경우에는 조정위원회에 갈음하여 단독조정인에게 조정을 행하게 할 수 있다.

② 제1항의 규정에 의한 단독조정인은 당해 노동위원회의 위원중에서 관계 당사자의 쌍방의 합의로 선정된 자를 그 노동위원회의 위원장이 지명한다.

제60조(조정안의 작성)

① 조정위원회 또는 단독조정인은 조정안을 작성하여 이를 관계 당사자에게 제시하고 그 수락을 권고하는 동시에 그 조정안에 이유를 붙여 공표할 수 있으며, 필요한 때에는 신문 또는 방송에 보도등 협조를 요청할 수 있다.

② 조정위원회 또는 단독조정인은 관계 당사자가 수락을 거부하여 더 이상 조정이 이루어질 여지가 없다고 판단되는 경우에는 조정의 종료를 결정하고 이를 관계 당사자 쌍방에 통보하여야 한다.

③ 제1항의 규정에 의한 조정안이 관계 당사자의 쌍방에 의하여 수락된 후 그 해석 또는 이행방법에 관하여 관계 당사자간에 의견의 불일치가 있는 때에는 관계 당사자는 당해 조정위원회 또는 단독조정인에게 그 해석 또는 이행방법에 관한 명확한 견해의 제시를 요청하여야 한다.

④ 조정위원회 또는 단독조정인은 제3항의 규정에 의한 요청을 받은 때에는 그 요청을 받은 날부터 7일 이내에 명확한 견해를 제시하여야 한다.

⑤ 제3항 및 제4항의 해석 또는 이행방법에 관한 견해가 제시될 때까지는 관계 당사자는 당해 조정안의 해석 또는 이행에 관하여 쟁의행위를 할 수 없다.


제61조(조정의 효력)

① 제60조제1항의 규정에 의한 조정안이 관계 당사자에 의하여 수락된 때에는 조정위원 전원 또는 단독조정인은 조정서를 작성하고 관계 당사자와 함께 서명 또는 날인하여야 한다.

② 조정서의 내용은 단체협약과 동일한 효력을 가진다.

③ 제60조제4항의 규정에 의하여 조정위원회 또는 단독조정인이 제시한 해석 또는 이행방법에 관한 견해는 중재재정과 동일한 효력을 가진다.


제62조(중재의 개시)

노동위원회는 다음 각 호의 어느 하나에 해당하는 때에는 중재를 행한다.

1. 관계 당사자의 쌍방이 함께 중재를 신청한 때

2. 관계 당사자의 일방이 단체협약에 의하여 중재를 신청한 때


제63조(중재시의 쟁의행위의 금지)

노동쟁의가 중재에 회부된 때에는 그 날부터 15일간은 쟁의행위를 할 수 없다.


제64조(중재위원회의 구성)

① 노동쟁의 중재 또는 재심을 위하여 노동위원회에 중재위원회를 둔다.

② 제1항의 규정에 의한 중재위원회는 중재위원 3인으로 구성한다.

③ 제2항의 중재위원은 당해 노동위원회의 공익을 대표하는 위원중에서 관계 당사자의 합의로 선정한 자에 대하여 그 노동위원회의 위원장이 지명한다. 다만, 관계 당사자간에 합의가 성립되지

아니한 경우에는 노동위원회의 공익을 대표하는 위원중에서 지명한다.

제71조(공익사업의 범위등)
① 이 법에서 "공익사업"이라 함은 공중의 일상생활과 밀접한 관련이 있거나 국민경제에 미치는
영향이 큰 사업으로서 다음 각호의 사업을 말한다.
   1. 정기노선 여객운수사업 및 항공운수사업
   2. 수도사업, 전기사업, 가스사업, 석유정제사업 및 석유공급사업
   3. 공중위생사업, 의료사업 및 혈액공급사업
   4. 은행 및 조폐사업
   5. 방송 및 통신사업
② 이 법에서 "필수공익사업"이라 함은 제1항의 공익사업으로서 그 업무의 정지 또는 폐지가 공중의
일상생활을 현저히 위태롭게 하거나 국민경제를 현저히 저해하고 그 업무의 대체가 용이하지
아니한 다음 각호의 사업을 말한다.
   1. 철도사업, 도시철도사업 및 항공운수사업
   2. 수도사업, 전기사업, 가스사업, 석유정제사업 및 석유공급사업
   3. 병원사업 및 혈액공급사업
   4. 한국은행사업
   5. 통신사업

제72조(특별조정위원회의 구성)
① 공익사업의 노동쟁의의 조정을 위하여 노동위원회에 특별조정위원회를 둔다.
② 제1항의 규정에 의한 특별조정위원회는 특별조정위원 3인으로 구성한다.
③ 제2항의 규정에 의한 특별조정위원은 그 노동위원회의 공익을 대표하는 위원중에서 노동조합과
사용자가 순차적으로 배제하고 남은 4인 내지 6인중에서 노동위원회의 위원장이 지명한다. 다만,
관계 당사자가 합의로 당해 노동위원회의 위원이 아닌 자를 추천하는 경우에는 그 추천된 자를
지명한다.

제76조(긴급조정의 결정)
① 고용노동부장관은 쟁의행위가 공익사업에 관한 것이거나 그 규모가 크거나 그 성질이 특별한
것으로서 현저히 국민경제를 해하거나 국민의 일상생활을 위태롭게 할 위험이 현존하는 때에는
긴급조정의 결정을 할 수 있다.
② 고용노동부장관은 긴급조정의 결정을 하고자 할 때에는 미리 중앙노동위원회 위원장의 의견을
들어야 한다.
③ 고용노동부장관은 제1항 및 제2항의 규정에 의하여 긴급조정을 결정한 때에는 지체없이 그
이유를 붙여 이를 공표함과 동시에 중앙노동위원회와 관계 당사자에게 각각 통고하여야 한다.

제77조(긴급조정시의 쟁의행위 중지)

관계 당사자는 제76조제3항의 규정에 의한 긴급조정의 결정이 공표된 때에는 즉시 쟁의행위를 중지하여야 하며, 공표일부터 30일이 경과하지 아니하면 쟁의행위를 재개할 수 없다.

제78조(중앙노동위원회의 조정)

중앙노동위원회는 제76조제3항의 규정에 의한 통고를 받은 때에는 지체없이 조정을 개시하여야 한다.

제79조(중앙노동위원회의 중재회부 결정권)

① 중앙노동위원회의 위원장은 제78조의 규정에 의한 조정이 성립될 가망이 없다고 인정한 경우에는 공익위원의 의견을 들어 그 사건을 중재에 회부할 것인가의 여부를 결정하여야 한다.

② 제1항의 규정에 의한 결정은 제76조제3항의 규정에 의한 통고를 받은 날부터 15일 이내에 하여야 한다.

제80조(중앙노동위원회의 중재)

중앙노동위원회는 당해 관계 당사자의 일방 또는 쌍방으로부터 중재신청이 있거나 제79조의 규정에 의한 중재회부의 결정을 한 때에는 지체없이 중재를 행하여야 한다.

제82조(구제신청)

① 사용자의 부당노동행위로 인하여 그 권리를 침해당한 근로자 또는 노동조합은 노동위원회에 그 구제를 신청할 수 있다.

② 제1항의 규정에 의한 구제의 신청은 부당노동행위가 있은 날(계속하는 행위는 그 終了日)부터 3월 이내에 이를 행하여야 한다.

제83조(조사등)

① 노동위원회는 제82조의 규정에 의한 구제신청을 받은 때에는 지체없이 필요한 조사와 관계 당사자의 심문을 하여야 한다.

② 노동위원회는 제1항의 규정에 의한 심문을 할 때에는 관계 당사자의 신청에 의하거나 그 직권으로 증인을 출석하게 하여 필요한 사항을 질문할 수 있다.

③ 노동위원회는 제1항의 규정에 의한 심문을 함에 있어서는 관계 당사자에 대하여 증거의 제출과 증인에 대한 반대심문을 할 수 있는 충분한 기회를 주어야 한다.

④ 제1항의 규정에 의한 노동위원회의 조사와 심문에 관한 절차는 중앙노동위원회가 따로 정하는 바에 의한다.

제84조(구제명령)

① 노동위원회는 제83조의 규정에 의한 심문을 종료하고 부당노동행위가 성립한다고 판정한 때에는 사용자에게 구제명령을 발하여야 하며, 부당노동행위가 성립되지 아니한다고 판정한 때에는 그 구제신청을 기각하는 결정을 하여야 한다.

② 제1항의 규정에 의한 판정·명령 및 결정은 서면으로 하되, 이를 당해 사용자와 신청인에게 각각 교부하여야 한다.

③ 관계 당사자는 제1항의 규정에 의한 명령이 있을 때에는 이에 따라야 한다.


제85조(구제명령의 확정)

① 지방노동위원회 또는 특별노동위원회의 구제명령 또는 기각결정에 불복이 있는 관계 당사자는 그 명령서 또는 결정서의 송달을 받은 날부터 10일 이내에 중앙노동위원회에 그 재심을 신청할 수 있다.

② 제1항의 규정에 의한 중앙노동위원회의 재심판정에 대하여 관계 당사자는 그 재심판정서의 송달을 받은 날부터 15일 이내에 행정소송법이 정하는 바에 의하여 소를 제기할 수 있다.

③ 제1항 및 제2항에 규정된 기간내에 재심을 신청하지 아니하거나 행정소송을 제기하지 아니한 때에는 그 구제명령·기각결정 또는 재심판정은 확정된다.

④ 제3항의 규정에 의하여 기각결정 또는 재심판정이 확정된 때에는 관계 당사자는 이에 따라야 한다.

⑤ 사용자가 제2항의 규정에 의하여 행정소송을 제기한 경우에 관할법원은 중앙노동위원회의 신청에 의하여 결정으로써, 판결이 확정될 때까지 중앙노동위원회의 구제명령의 전부 또는 일부를 이행하도록 명할 수 있으며, 당사자의 신청에 의하여 또는 직권으로 그 결정을 취소할 수 있다.


제86조(구제명령등의 효력)

노동위원회의 구제명령·기각결정 또는 재심판정은 제85조의 규정에 의한 중앙노동위원회에의 재심신청이나 행정소송의 제기에 의하여 그 효력이 정지되지 아니한다.

© Vadim Ratnikov

**행복한 직업 찾기**
**나의 직업 노무사**


초판 1쇄 인쇄 2014년 6월 13일

개정판 1쇄 인쇄 2021년 3월 5일
개정판 1쇄 발행 2021년 3월 12일

글　　　　 | 꿈디자인LAB
펴 낸 곳 | 동천출판
사　　 진 | 한국공인노무사회, Pixabay, shutterstock.

등　　 록 | 2013년 4월 9일 제319-2013-25호
주　　 소 | 서울특별시 서초구 효령로 60길 15(서초동, 202호)
전화번호 | (02) 588 - 8485
팩　　 스 | (02) 583 - 8480
전자우편 | dongcheon35@naver.com


값 15,000원
ISBN　　 979-11-85488-55-4 (44370)
　　　　 979-11-85488-05-9 (세트)

*잘못 만들어진 책은 구입하신 서점에서 바꿔 드립니다.